태평양 항해

한산도함 오디세이

KB191562

나남
nanam

나남신서 2179

태평양 항해

한산도함 오디세이

2024년 10월 25일 발행
2024년 10월 25일 1쇄

지은이   박길성
발행자   趙相浩
발행처   (주) 나남
주소   10881 경기도 파주시 회동길 193
전화   (031) 955-4601(代)
FAX   (031) 955-4555
등록   제 1-71호(1979.5.12)
홈페이지 http://www.nanam.net
전자우편 post@nanam.net

ISBN 978-89-300-4179-9
ISBN 978-89-300-8655-4(세트)

나남신서 2179

태평양 항해
한산도함 오디세이

박길성 지음

나남
nanam

차례

대한민국 해군의 첫 훈련함인 한산도함. 이 배를 타고 태평양을 항해했다.

순항훈련의 본함인 한산도함(위)과 항해를 지원해 주는 대청함(아래)이
나란히 항진하는 모습이다.

프롤로그

눈 닿는 데마다
새로운 세상이 펼쳐졌다

바다를 품은 해군이다. 바다가 품어 준 해군이다. 이들과 함께 태평양을 항해했다. 눈 닿는 데마다 새로운 세상이 펼쳐졌다. 눈 닿는 데마다 새로운 것을 보려 하였다. 태평양 항해를 마음먹은 것은 세상이 갑자기 넓어지는 것도 체험하고 싶었고, 끝 간 데 없는 태평양의 한낮과 심야도 궁금하였으며, 무엇보다 바다에서 우리의 미래를 찾고 싶어서였다.

해군사관학교 생도들은 임관을 앞두고 순항훈련 Cruise Training 을 한다. 이번 제 77기 생도들은 110일간 인도양, 태평양을 횡단하며 지구 한 바퀴 거리에 해당하는 장장 39,800킬로미터의 대장정을 수행하였다. 9개국 10개 도시를 순방하는 일정이다. 나는 그중 일부 구간인 태평양 항로에 편승하였다. 호주 시드니에서 승선하여 뉴질랜드의 오클랜드, 피지의 수바를 거쳐 하와이 진주만에서 하선하는 일정이었다. 31일 동안 약 1만 킬로미터를 항해하였다. 지구의 남반구에서 북반구로, 태평양의 서쪽에서 동쪽으로 이동하는 항해였다. 무풍無風지대인 적도를 건넜고 하루를 오롯이 새로 맞이하는 날짜변경선을 넘었다.

대한민국의 자랑스러운 함정艦艇, 한산도함에 몸을 실었다. 한산閑山이라는 그 이름만으로도 결기와 역사의 현장으로 초대하기에 충분하다. 한산도함은 2020년에 취역한 전장 142미터, 4,500톤의 대한민국 해군의 첫 훈련함이다. 한산도함은 우리 청년 생도들에게 경계를 넘고 지평을 넓히는 거인의 어깨 역할을 하는 데 더없이 적합한 위용과 내용을 갖추고 있다. 200명이 동시에 수강할 수 있는 첨단 강의실을 비롯하여 교육 훈련에 최적화된 최고의 환경을 구비하고 있다.

기동군수지원함인 대청함이 함께 이동하였다. 연료와 주·부식을 가득 싣고 일정한 거리를 두고 묵묵히 따라온다. 대청함은 한산도함의 순항훈련이 성공적으로 이루어지도록 지원해주는 함정이다. 대청함은 연료유 510만 리터, 주식과 부식 15톤을 적재할 수 있는 규모를 지니고 있다. 이것은 대청함 단독으로 항해시 연료유 기준으로 지구를 세 바퀴나 항해할 수 있는 양이다.

바다의 용사들과의 태평양 항해는 자연에 대한 경외의 시간이었고, 서로를 배려하는 함대 공동체를 체득하는 시간이었다.

경험이 가득한 긴 여정을 오디세이odyssey라 한다. 이 책은 한편의 '순항훈련 오디세이'라 이름 붙이고 싶다. 내용은 '내가 태평양 항해에서 체험하고 배운 것들'이다.

순항훈련 오디세이는 함정이라는 독특한unique 공간과 태평양 항해라는 특별한special 여정이 소재이지만, 일상적이고 보편적인 우리네 삶을 주제로 구성하였다. 쉽게 경험하기 어려운 귀한 소재를 어떻게 잘 구성하여 의미 있는 메시지를 만들어 낼 것인가를 내내 고민하였다.

범접할 수 없는 것에 대해서는 예찬을, 속정 깊은 사람들로부터 받은 배려에 대해서는 감사를, 미래를 향한 가능성에 대해서는 설득을 담아 보려 하였다. 해군의 이야기를 바탕으로 '바다 인문학'과 '해양국가론'을 펼쳐보려는 것이다.

태평양 항해는 우리가 인생이라 부르는 것을 다시 보게 했다. 모험의 시간이었고, 성찰의 시간이었으며, 경계를 넘는 시간이었고, 미래를 보는 시간이었다. 평소 꿈꾸었던 것이다. 마음속의 긴장을 애써 누르고 가장 먼 곳으로 시선을 돌려본다. 아직 눈에 익지 않은 풍경에 탄성이 터진다. 도저히 범접할 수 없는 풍경이 펼쳐진다. 신비란 이럴 때 쓰는 단어인 듯하다. 아름답고 짜릿한 모험이었다. 그간의 친숙했던 일상을 과감히 뒤로하면서 말이다. 큰 용기가 필요했다. 항해는 멀리 떠날 수 있는 용기다. 미국 작가 윌리엄 포크너William Faulkner의 표현처럼 육지에서 멀어질 용기가 없다면 새로운 수평선을 향해 나아갈 수 없다. 항해는 떠날 수 있는 용기의 유혹과 매혹에 모든 것을 맡기는 것이다.

좋은 곳에서는 좋은 생각이 모이고 좋은 감정이 생긴다고 하지 않던가. 여기가 바로 그곳임을 아는 데는 그리 오랜 시간이 걸리지 않았다. 순항훈련 전단 내부는 단 하나의 실수도 허용하지 않는 유기체의 연결처럼 꽉 차서 돌아간다.

전파탐지보다 자신의 눈으로 바다 위 물체를 더 정확하게 확인할 수 있다는 견시병見視兵, 계속 흔들리는 만큼 함정에서는 더 많은 열량이 필요하다는 이치를 조리로 실행하는 취사병炊事兵, 음악이 주는 사기 함양의 힘을 믿는 군악대軍樂隊, 거친 물살을 밀어내고 앞으로 힘차게 나가는 두 엔진 동력을 조정하는 기관병機關兵, 상대방 함장의 마음을 읽어내야 전투에서 이길 수 있음을 강조하는 함장艦長, 위트와 감성의 두뇌와 논리와 전략의 두뇌로 거함을 이끌어가는 전단장戰團長 …. 함정 안에서의 역할 그 하나하나 정교하고 치밀하다. 한배를 탄 바다의 용사들은 완전체의 모습이다.

이들은 함께together의 가치를 신봉하는 협업의 달인이었다. 공감共感하고 공유共有하고 공진共進하는 것이 함대 공동체의 생명임을 체득한 이들이다. 함정은 아주 비좁은 공간이지만 동시

14

에 아주 넉넉한 공간이다. 물리적 공간은 협소하나 관계 맺는 사회적 공간은 넉넉하고 푸근하다. 좋은 생각과 좋은 감정이 모이는 곳이다.

해군과 태평양을 항해하며 우리의 미래를 그려 본다. 성을 쌓는 자는 망亡하지만, 길을 여는 자는 반드시 흥興한다. 이것은 칭기즈칸이 세계를 정복한 비결이자 본질이다. 대륙의 방식이 닫힌 성과 열린 길의 이분법이라 한다면 해양에선 이런 이분법이 통용하지 않는다. 모든 것이 열려있다. 지난 역사는 해양을 주도한 해양의 상상력을 펼쳐낸 나라가 주도했다 하여도 과언이 아니다. 《펠로폰네소스 전쟁사》를 저술한 투키디데스는 "역사란 꼭 같이 반복되지는 않지만 비슷하게 진행된다."라고 설파한 바 있다. 바다는 여전히 1%밖에 개발되지 않은 영역이다. 태평양 바다 색깔보다 더 진한 블루오션이다. 해양의 상상력을 무한히 강조하는 까닭이다.

동해를 보며 유년 시절을 보낸 나는 저 멀리 수평선 너머에는 무엇이 펼쳐질지 늘 궁금하였다. 소년은 꿈을 꾸었다. 저편 너머를 꼭 가서 모든 물줄기는 바다를 향하고 바다는 거부하지 않고 받아들이는 해납백천海納百川의 의미를 품어 보겠다고 말이다. 특별하였고 동시에 일상적이었던 바다를 수평선 너머 태평양으로 확장하니 새롭게 눈에 들어오는 것이 참 많았다. 360도 사방이 수평선이다. 육지에선 직선으로만 보이던 수평선이 여기서는 동그란 원이다. 나를 가운데 점으로 커다란 원이 만들어진 셈이다. 그곳에서 중심中心의 이치를 새긴다.

항해는 숨겨진 아름다움과 감춰진 가능성을 찾아 나서는 여정이었다. 승선할 때의 막연한 설렘이나 두려움과 달리 하선할 때는 완벽한 포만감과 확신으로 뒤섞였다. 항해를 해 보니 알겠다. 왜 해군사관학교의 교훈이 '허위를 버리자'인지를. 항해를 해 보니 알겠다. 중심을 잡는 것이 얼마나 중요한지를. 항해를 해 보니 알겠다. 한반도에 갇혀 있으면 안 된다는 것을.

이 책은 해군과 함정과는 단 하나의 연결 고리도 없었던 이방인의 시선으로 꾹꾹 눌러쓴 항해 이야기다. 돌이켜보니 태평양 항해로 맺어진 나와 해군과의 인연은 하나의 신비다. 신비란 자연에서만 있는 것은 아니라는 것도 가장 협소한 공간에서 가장 넉넉한 시간을 보내며 알게 되었다. 사전에도 없고 어법으로도 이상한 '시간 사치'와 '사람 사치'를 누렸다.

책을 쓰겠다고 마음먹는 것은 항해를 하겠다고 마음먹은 것 몇 배의 용기가 필요했다. 까닭은 나의 언어 한계 때문이다. 해군, 함대, 항해에 관한 나의 언어는 분명한 한계가 있음을 나 자신도 잘 알고 있다. 혹여 '이 정도면 됐다'가 아니라 '이 정도가 아니면 안 된다'는 바다의 용사들의 품성을 조금이라도 잘못 그

31일간의 항해 일지를 작성한 노트

려내면 어쩌지 하는 걱정 때문이다. 이들에게 누가 되지는 않을지 말이다. "나의 언어의 끝이 내 세상의 끝"이라는 언어철학자 비트겐슈타인의 설파가 이번처럼 원고를 쓰면서 뇌리에 가득한 적도 없었다.

항해하는 한 달 동안 하루도 빠뜨리지 않고 항해 일지를 썼다. 항해를 하며 루소의 《고백록》 한 구절을 마음에 담아두었다. "이제는 더 이상 기억하지 못하게 된 삶의 소소한 일 중에서 가장 아쉽게 느끼는 것은 여행 일기를 적어두지 않았다는 것이다."

항해 일지는 세계적인 건축가 프랭크 로이드 라이트Frank Lloyd Wright의 탄생 150주년 기념으로 라이트 재단이 제작한 진한 바다 색깔의 가죽 커버로 만든 촉감이 좋은 노트에 기록하였다. 하루도 건너뛰지 않고 적었다. 파도가 심하여 머리가 몽롱하고 몸을 가누기 쉽지 않을 때도 상황과 느낌을 적으려 하였다. 기록은 기억보다 훨씬 오래 간다는 경험의 진정성이 발동하였다.

항해를 마치고 가장 먼저 충무공 이순신의 《난중일기》를 다시 읽었다. 달리 읽혔다. 유년 시절 필독 목록으로 보았던 것과는 많이 달랐다. 다시 보니 달리 보인다. 《난중일기》를 관통하는 행간의 의미가 들어왔다.

'기록을 이길 자는 없다.'

2024년 9월

박 길 성

바다 예찬

1장

머물게 하고, 좋아하게 하고, 따르게 하고, 감동케 한다

바다에는 중심이 없다. 어디나 중심이다. 일방적으로 보는 쪽도 보여주는 쪽도 없다. 모두가 보고 모두가 보여 준다. 어디가 시작이고 종착인지 어디가 중심이고 주변인지 가늠이 안 된다.

중심부니 주변부니 하는 그 흔한 세속적 다툼이 여기서는 무의미하다. 바다 한가운데 있으면 주위는 그저 바다일 뿐이다. 끝도 모르게 펼쳐진다. 무진無盡함이다.

바다에는 경계가 없다. 바닷물과 여기에 사는 생물은 그 어떤 경계에도 구애받지 않고 자유롭게 넘나든다. 바다는 구획하지도 파편화하지도 않는다. 구획을 안 만드니 이편저편 조각조각 나눌 일도 없다.

바다는 하나로 이어져 있다. 이어져 있으니 이음새가 필요 없다. 이어져 있으니 가로막을 장벽이나 경계가 있을 수 없다. 지극至極함이다.

산은 높이로 으뜸과 그다음을 자리매김하지만, 바다는 으뜸이니 그다음이니 같은 자리매김을 하지 않는다. 바다의 자태는 그게 뭐 그리 대수로운가의 반응이다. 굳이 사다리 같은 순위를 논하지 않는다.

이런 바다에 가장 잘 아울리는 덕목은 겸허謙虛다. 그래서 바다의 예찬을 스스로 낮추고 비우는 겸허에서 시작해 본다. 겸허하면 머물게 한다.

바다는 쉼 없이 우리가 물살을 헤쳐 나가는 항해를 잘하고 있다고 칭찬한다. 함정이 힘차게 앞으로 나가면서 뒤로 밀어내는 하얀 물보라는 마치 우리가 항해를 아주 많이 엄청 잘하고 있다고 열렬하게 손뼉 치는 칭찬으로 보인다.

뒤로 뿜어내는 물보라의 형태가 다양한 만큼 바다가 우리에게 주는 칭찬의 종류도 다채롭다. 칭찬은 좋아하게 한다.

바다는 넓고 깊다. 망망대해의 뜻이 그러하다. 얼마나 넓은지 얼마나 깊은지를 가늠하는 것은 인간의 인지적 판단의 범위를 넘어서 있다. 바다는 마냥 넓고 깊다. 넓음과 깊음은 규모만을 의미하는 것은 아니다. 여기에는 넉넉하게 아우르는 품이 있다.

사람에게 '품'이라고 하면 보통 두 팔 크게 벌려 들어오는 정도이지만 바다가 아우르는 품은 단위가 다르다. 넓으면 따르게 하고, 깊으면 감동케 하는 이치를 바다에서 체득한다.

바다는 겸허하다. 바다는 칭찬한다.

바다는 넓다. 바다는 깊다.

머물게 하고, 좋아하게 하고, 따르게 하고, 감동케 한다.

이보다 더 멋진 매력을 지닌 것이 어디 있겠나 싶다.

모든 것을 받아들인다

바다는 잠시도 쉬지 않고 물결친다. 물결치는 바다는 가볍고도 무겁다. 잔잔한 물결 위의 바다는 한없이 가볍지만, 거친 물결 위의 바다는 한없이 무겁다.

바다는 다정한 듯 매몰차기도 하고 매몰찬 듯 다정하기도 하다. 뒤편에서 불어오는 잔잔한 파도의 순풍을 만나면 함정은 마치 훨훨 날아가듯 가볍지만, 거센 파도에 맞바람을 헤쳐 나갈 때 함정은 가쁘게 헐떡이는 숨소리를 내며 무척이나 무겁다. 가벼울 때 바다는 투명한 파란색이지만, 무거울 때 바다는 검푸른 파란색이다.

바다는 자연의 섭리에 맞춰 일정하게 진행되는 항상성을 보이지만 때로는 예측을 불허하는 난맥상을 보인다. 멀리서 보면 바다는 모두 같은 모습이지만 가까이서 보면 단 하나도 같은 모습이 없다. 파도와 너울은 쉬지 않고 움직이기에 바다는 같은 모습을 보일 틈이 없다. 쉬지 않고 움직이기에 바다의 색과 빛도 형언할 수 없을 만큼 다채롭다. 햇빛이나 달빛에 비쳐 끊임없이 일렁이는 바다의 잔물결, 윤슬은 보는 이를 몰입하게 한다.

사람이든 건물이든 물건이든 어디에서 보느냐에 따라 많이 달라 보인다. 아름답게 보이기도 하고 그렇지 않게 보이기도 한다. 날카롭게 보이기도 부드럽게 보이기도 한다. 그래서 나무 한 그루 심을 때도 보기에 좋은 위치와 각도를 잡는다. 그런데, 바다는 어디에서 보느냐에 따라 다르게 보이지 않는다. 이건 억겁億劫의 시간을 일정하게 지내온 바다의 해탈解脫이다. 바다가 보여주는 해탈의 정수는 어디서 보아도 달리 보이지 않는 모습이 아닌가 한다. 바다는 모든 것을 그냥 끌어안는다. 꾸미는 것이 없다. 때로는 잔잔하고 온화한 모습으로 때로는 거칠고 성난 모습으로 말이다.

4천 5백 톤의 철갑으로 탄탄하게 무장한 함정이 엄청난 마력으로 끊임없이 밀려오는 파도를 헤쳐 나가며 뒤로 밀어내는 흰 물결은 소란스럽게 요동치지만 금방 사라진다. 아무리 거대한 배가 지나가도 바다에 남겨진 흔적은 단 하나도 없다. 배 뒤편으로 만들어지는 물보라는 잠시 보이다가 이내 곧 자취를 감춘다. 바다는 누구의 발자취도 남겨지는 것을 허락하지 않는다.

바다는 모든 것을 받아들인다. 시인 문무학은 바다가 바다라는 이름을 갖게 된 것은 이것저것 가리지 않고 다 받아 주기 때문이라고 풀어낸다. 바다는 어떠한 물도 사양하지 않는다. 고전에는 해불양수海不讓水이며 해납백천海納百川이라고 표현한다. 바다는 누구나 오라고 기다린다. 그래서 바다는 계속해서 방문자를 기다리는 심연의 박물관이라 하나 보다.

'완벽할수록 너그럽다'는 경구는 바다를 두고 나온 말인 듯하다. 이렇기에 바다는 복선을 깔지 않는 직설의 화법이 더 돋보인다. 바다를 표현하는 방식도 주어 목적어 동사로 구성된 단문이면 족하다. 바다를 표현하는 데 굳이 미사여구가 필요할까. 바다는 기교를 부리지 않는 담박한 언어가 제격이다. 바다는 그 자체로 존재감이다. 모든 것을 있는 모양 그대로 받아들인다.

빛을 빛나게 한다

바다 하면 떠오르는 첫 연상은 파란색이다. 사실 바다는 투명하다. 바닷물을 손으로 오므려 담아 보면 투명 그 자체다. 아무런 색을 갖고 있지 않다. 그런데 바다는 파란색으로 보인다. 어떻게 투명한 바닷물이 파란색으로 보일까.

일곱 가지 무지개의 색을 담고 있는 빛이 바다에 닿으면 붉은색, 주황색, 노란색은 흡수되고 초록색은 사라지고 남는 것은 파란색뿐이다. 바다가 파란 색소를 지닌 것이 아니라 파란색 빛이 바다에서 산란散亂을 많이 일으켜 파랗게 보이는 것일 뿐이다. 그래서 우리 눈에 바다는 파란색으로 보이고 바다는 파란색으로 자기 정체성을 각인시킨다.

파랑은 바다의 본양本樣이 아니다. 빛의 흔적痕跡이다. 빛을 받아 파란 모습으로 자신을 드러내는 것이다. 파란색 안에도 청탁淸濁이 있다. 바다는 아주 옅은 파랑으로부터 아주 짙은 파랑에 이르기까지 매우 넓은 스펙트럼을 아우르고 있다. 영국 해군을 상징하는 로열 블루도 있고, 보석 회사인 티파니Tiffany가 만들어 낸 티파니 블루도 있다.

바다는 빛이 영원히 머무는 곳이다. 빛은 손에 잡히지도 눈에 보이지도 않는다. 빛이 일곱 색깔 무지개를 품고 있다는 것도 개념으로만 안다. 물리학자이자 광학의 아버지로 불리는 뉴턴이 알려 준 지식이다. 추상적으로만 존재하는 셈이다. 이런 존재를 실재하는 것으로 만들어 놓는 것이 바다다. 빛이 바다를 만나 진가를 발휘하는 셈이다. 그것도 압도하는 파란색으로 말이다. 정작 빛이 고마워해야 할 곳은 바다. 자신의 존재를 확인시켜주니 말이다. 바다는 '빛이 곧 색이다'라는 화가 모네의 생각을 다른 방식으로 보여 준다.

바다를 표현하는 파란색은 열린 색이다. 귀한 색이다. 꿈꾸게 하는 색이다. 무난한 색이란 없지만 바다를 예찬케 하는 파란색은 유독 가장 매력적인 색이라며 많은 칭송을 받는다. 자연에 흔하게 존재하지 않기에 시대와 시절을 막론하고 많은 사람이 가장 갈망해 온 색이 바로 파랑이다.[1]

파랑은 무한대의 가능성을 가진 색이다. 끝 모를 태평양처럼 무한대의 파란 풍경이 펼쳐진다. 끝없이 펼쳐지는 바다의 파랑은 모든 것을 압도한다. 파랑은 모든 색 중에서 평온하고 평화롭고 중립적인 색이며 모든 만물을 끌어안을 수 있는 색이다.[2]

28

파란색은 아무리 보아도 싫증나지 않는다. 오히려 계속 끌어당긴다. 그래서 매력적이다. 파랑의 본질을 알고 나면 오늘날 국제기구들이 왜 파란색을 표상으로 삼는지 단번에 이해할 수 있다. 갈등국 사이에 개입하여 중재 임무를 수행하는 유엔군이 쓰는 군모도 파란색이다. 아주 연한 파란색이다. 파랑의 군모는 대립의 양쪽, 갈등의 양편을 끌어안고 풀어내려는 의지로 읽힌다. 매력적이라 예찬하지 않을 수 없다.

우리네 삶을 담고 있다

바다 하면 반사적으로 산을 떠올린다. 바다와 산을 굳이 비교할 필요는 없다. 선현들은 인생을 얘기할 때 종종 산과 바다로 비유하곤 했다. 세간에서 종종 언급되는 '지자요수智者樂水 인자요산仁者樂山'이 대표적이다. 공자는 논어論語 〈옹야편〉에서 지혜로운 사람은 물을 좋아하고, 어진 사람은 산을 좋아한다고 풀어낸다. 지자는 물같이 움직이고 인자는 산같이 고요하다. 지혜로운 사람은 동적이고 어진 사람은 정적이며, 지혜로운 사람은 즐겁게 살고 어진 사람은 오래 산다고 덧붙인다. 인성을 지智와 인仁의 일도양단의 이분법으로 나눌 수는 없지만 수긍할 수 있는 대목이 분명 있다.

가끔 산 정상에 올라갔다가 와서는 산을 정복했다고들 한다. 정복의 의미를 어떻게 받아들여야 할지 모르겠지만 이건 오만임이 분명하다. 그냥 산 정상에 얼굴 잠시 비추고 산 아래 광경을 힐끔 보고 정상에 왔다는 증표로 사진 한 장 찍고는 내려온 것에 불과하다. 이걸 정복이라고 표현하는 것은 많이 모자란다.

바다의 경우에는 어디를 갔다 왔다 하여도 바다를 정복했다고 호언장담하는 사람은 단 한 명도 없다. 태평양을 횡단하였다고 태평양을 정복했다고 호기 부리는 사람을 본 적도 들은 적도 없다. 왜 그런지 배를 타고 바다에 나가보면 안다. 보이지 않는, 알지 못하는 무궁함 때문이다. 그 무궁함에는 무엇이 있는지 어렴풋한 실마리 같은 감조차 잡을 수 없다.

바다는 누구에게도 소유를 허락하지도 않고 지배당하지도 않는다. 그 누구도 그 어떤 것도 발자국으로 흔적으로 남기거나 장악하지 못하는 곳이 바다다. 극히 당연하고 상투적인 표현이지만 바다에서 우리는 한없이 작아진다. 압도하는 파란색 바다에 우리는 그저 흘러갈 뿐이다. 파도가 거칠 때는 말할 필요도 없고 순할 때조차도 바다는 흘러가는 조화의 섭리를 거스르지 말 것을 넌지시 타이른다.

《바다의 작은 철학》 저자인 프랑스 철학자 로랑스 드빌레르는 인생을 제대로 배우고 싶으면 바다에 나가 보라고 한다.[3] 까닭은 바다에 살아가는 지혜가 참 많기 때문이라고 한다. 인생은 오르막 내리막이 있는 산에 비유할 수도 있지만 흐르는 바다에 비유하는 것이 더 맞을 듯하다. 그래서 인생은 등산보다는 항해에 더 가까운 듯하다.

행복은 높은 곳보다 넓은 곳에서 주로 자리 잡는다.

누구나 살면서 높낮이는 다르겠지만 물결치는 파도처럼 흘러 간다. 바다는 우리네 삶을 담고 있다.

탐조등에 비친 광활한 바다 풍광

모든 것을 받아들이는 바다 풍광

태평양의 아우라

2장

끝 간 데 없다

끝 간 데 없다.

　끝 간 데 없다는 표현 이외에는 태평양의 아우라를 달리 표현할 문구가 있을까 싶다. 넓고 깊은 바다를 대양大洋이라 한다. 대양의 대명사는 단연 태평양太平洋이다. 태평양은 지구 표면적 1/3을 차지하는 거대한 바다다. 오대양 가운데 가장 크다. 수심 역시 지구상 모든 해양을 통틀어 단연 제일 깊다. 이러하기에 누구에게나 태평양 하면 떠오르는 첫 번째 연상은 망망대해茫茫大海다. 태평양을 경험한 적이 있건 없건 상관없이 말이다.

　순항훈련의 한 항로인 피지에서 하와이까지 밤낮없이 9일 동안을 달렸어도 지나가는 배 한 척 보지 못했다. 같이 이동하는 대청함조차 아주 드물게 간간이 시야에 잠시 들어왔다 금방 사라지곤 했다. 망망대해란 이런 것을 두고 하는 얘기다. '난바다'라는 표현이 적절하다. 끝도 모르게 펼쳐진다.

태평양과 인접한 국가가 무려 54개나 된다. 태평양이 아우르는 섬은 이루 헤아릴 수 없이 많다. 섬으로 이루어진 국가도 상당히 많다. 태평양의 광활함에는 그 어떤 표현도 모자란다.

적도는 그 넓은 태평양을 북쪽과 남쪽으로 나누고, 날짜변경선은 태평양을 동쪽과 서쪽으로 양분한다. 적도를 경계로 남반구와 북반구, 날짜선을 경계로 동쪽과 서쪽의 영역이 분명하다. 시드니에서 출발하여 하와이에 도착하는 한 달 여정은 남반구에서 적도를 지나 북반구로 향하는 항해였고 하루를 오롯이 다시 맞이하는 날짜변경선을 건너는 항해였다. 태평양의 광대함뿐 아니라 개념으로만 인지한 적도와 날짜변경선이 실재하는 존재로 다가왔다.

태평양은 얼마나 광활한지 이곳에서 발생하는 태풍의 이름도 지역에 따라 달리 불린다. 태평양의 태풍은 허리케인, 타이푼, 사이클론, 용어도 여럿이다. 허리케인Hurricane은 북동태평양 지역, 타이푼Typoon 태풍은 우리나라를 포함한 북서태평양 지역, 사이클론Cyclone은 남태평양 지역에서 통용되는 태풍의 이름이다.

태평양은 여러 얼굴을 가지고 있다. 거친 파도와 순한 파도의 얼굴은 문자 그대로 천양지차天壤之差다. 거친 파도를 단단히 경험하고 나면 순한 파도가 얼마나 고마운지 알게 된다. 거함조차도 거친 파도 앞에서는 그냥 순응하는 것 이외에는 할 것이 별반 없다는 사실을 아는 데는 그리 오랜 시간이 걸리지 않는다. 동양이나 서양이나 옛날이나 지금이나 가까운 곳을 향하거나 먼 곳을 항행하거나 배 타는 사람들이 왜 'fair winds and following seas with clear skies(순풍에 돛단 항해)'를 간절히 갈망하고 꿈꾸는지는 파도라도 좀 높게 치는 상황을 경험하면 단박에 알 수 있다.

태평양의 한낮은 수평선을 경계로 바다와 하늘의 두 지대만을 허락한다. 바다에는 파도와 너울밖에 없다. 파도가 부서지며 만들어내는 백파白波의 크기로 파도가 얼마나 높고 낮으며 거친지 혹은 순한지를 어렴풋이 감 잡는다.

바다 한가운데의 함정에서 본 하늘은 파란색 바탕의 원형 돔이다. 거대한 원형 돔 안에는 여러 모양과 색조의 조합으로 가득하다. 가끔은 뽀얀 하얀색 구름이 펼쳐지기도 하지만, 시야에 들어오는 풍경은 단색화의 단골 메뉴다. 단색화의 모티브는 아마도 바다가 아닌가 싶다. 번뜩 화가 마크 로스코나 화가 박서보의 강렬한 그림이 떠오른다. 이들이 여러 겹 덕지덕지 칠해 만들어낸 검정색 단색은 해뜨기 전 가장 어두울 때를, 파란색 단색은 바다가 주인공으로 등장할 때를, 붉은색 단색은 해 질 녘을 모티브로 삼은 것은 아닌지 추측해 본다.

태양은 거침이 없다. 한낮의 작열하는 햇살은 구름마저 태울 듯 강렬하다. 직접 내리쬐는 햇볕이 강렬한 것은 물론이지만 바다 수면에서 튀어 오르는 반사는 더 눈부시다. 백파는 강렬한 햇볕을 받아 더없이 희고 청아하다. 세찬 소나기가 갑자기 내리기라도 하면 푸르고 높은 하늘에는 무지개가 턱 걸린다. 무지개는 커다란 돔의 모형을 취하며, 이쪽 수평선과 저쪽 수평선을 완벽한 반원의 형태로 이어 놓는다. 갑자기 혜성같이 등장한 무지개에 눈이 번쩍 뜨이고 감탄은 절로 나온다.

망망대해에서 동쪽과 서쪽의 방향을 아는 것은 태양과 나침판뿐이다. 태양의 하루 경로가 마무리되면 수평선은 거칠도록 붉게 물든 석양과 함께 희미해진다. 바다에서 보는 해 뜨는 여명과 해 지는 황혼은 참 닮았다. 장엄하지 않은 석양이 어디 있겠냐마는 하루 종일 태평양의 하늘을 가로지른 석양은 노을의 으뜸으로 여기기에 부족함이 없다. 바라보는 사람의 마음을 다스린다.

해가 수평선 아래로 내려가면 적막은 쏜살같이 내려온다. 밤역시 장엄하다. 불빛이라고는 함정에서 나오는 완전히 차단된 최소한의 불빛과 온 하늘에 등장하는 별이 전부다. 심야의 하늘은 별들로 가득하다. 쏟아져 내리는 별 무리가 손에 닿을 듯하다. 천문에 의존해서 항해하던 시절에는 해류와 함께 가까이 다가온 청아한 별이 항로의 가장 고마운 안내자였다.

망망대해에서도 나아갈 방향을 알려 주는 나침판과 태평양의 석양

적도를 경계로 남쪽인 남반구의 밤하늘은 쏟아지는 별로 장관을 이루지만 정작 이름을 갖고 있는 별은 별반 없다. 북반구 밤하늘의 상징이 북극성北極星이라면 남반구 밤하늘의 상징은 남십자성南十字星이다. 남태평양 심야는 네 개의 별로 이루어진 남십자성의 은하계를 중심으로 별 헤는 밤을 펼쳐낸다. 이름을 가지고 있는 별자리가 별반 없기에 그냥 쳐다본다. 돔의 천장에 온통 별이 가득하다.

남반구 국가들의 남십자성에 대한 애착은 남다르다. 이를테면 남반구에서 가장 큰 면적을 가지고 포르투갈어를 사용하는 브라질은 국기에 남십자성을 그려 놓고 있다.

남반구의 밤하늘과는 대조적으로 북반구의 밤하늘에 펼쳐진 별자리는 이름이 많다. 이름이 있다는 것을 달리 표현하면 주인이 있는 셈이다. 여기 별들은 서양의 고대 문명을 한 몸에 안고 그 풍모를 발산한다. 대체로 서양의 신화와 전설들이 그 주인공이다. 우리가 알고 있는 별자리는 대부분 북반구의 하늘에 떠있는 별이다.

반면 남반구의 별들은 이름이 없어 무한한 상상을 가능케 한다. 그냥 이름을 붙이면 그게 별의 이름이다. 모두 별자리 작명가가 된다. "저 별은 나의 별, 저 별은 너의 별"로 시작하는 노래 가사가 이걸 두고 나온 듯하다. 함께 항해 여정을 같이하는 생도들에게 우리의 신화와 전설에 맞는 별자리 이름을 붙여보라고 한다. 일찍이 시인 김춘수는 꽃을 찬미하며 이름을 붙여 줌으로써 그것은 비로소 의미 있는 존재가 된다고 노래하였지만, 남태평양 밤하늘에 가득한 이름 붙여지지 않은 수없이 많은 별들은 또 다른 의미 있는 존재로 다가온다.

흉내 낼 수 없는 고고한 분위기를 아우라Aura라고 한다. 끝 간데 없는 태평양의 아우라에 훅 빨려 들어간다.

함정에서 맞이하는 해 떠오르는 태평양의 아침

둥근 수평선을 품은 태평양의 한낮

태양의 하루 경로가 마무리되는 태평양의 노을

마젤란의 행운

페르디난드 마젤란Ferdinand Magellan은 지구가 둥글다는 것을 항해의 체험으로 직접 입증한 최초의 세계 일주 항해사다. 그는 대서양 건너편의 아메리카 대륙을 발견한 이탈리아 항해사 콜럼버스Christopher Columbus, 대서양을 내려와 아프리카, 아라비아해를 가로지르는 인도 항로를 개척한 포르투갈 항해사 바스쿠 다가마Vasco da Gama와 함께 대항해 시대를 활짝 연 주역이다. 이들은 자연을 지배하자는 근대 서구 이데올로기 출현의 방아쇠를 당긴 역사적 인물들이다.

마젤란의 모국인 포르투갈의 당시 이야기를 짧게 하나만 하면, 지중해권 문명의 가장 변방이었던 포르투갈이 세계에서 가장 먼저 대항해 시대의 초석을 마련하였다. 포르투갈 대항해의 시작은 콜럼버스가 신대륙을 발견하는 1492년보다 훨씬 이전인 1418년에 항해의 왕으로 불리는 엔히크Henrique 왕자가 포르투갈 최남단 사그레스에 해양학교를 설립한 데서 비롯한다. 해양을 통해 국가의 힘을 구축했던 것이다. 대항해 시대를 연 쌍두마차의 하나인 스페인보다 훨씬 앞섰다. 무려 70년이나 먼저다. 이로부터 백여 년 동안 포르투갈은 세계사의 한 챕터를 채우는 상업제국으로 등장한다.

15세기 포르투갈 항해사들은 "우리가 더 멀리 항해하면 세상은 더 좁아진다"는 확고한 신념을 가졌던 것으로 기록에 남아 있다. 오늘날 얘기하는 세계화의 기원인 셈이다. 포르투갈은 아프리카 최남단 희망봉을 돌아가는 항로를 독점하고 있었다. 포르투갈은 인도양을 개척하여 인도양과 태평양의 경계 지점인 말레이시아의 말라카에 도시를 건설했다. 포르투갈이 세계사에서 바다를 통해 제국으로 등장하는 대목이다.

바스쿠 다가마가 대서양을 내려와 동쪽을 향한 것과 달리 마젤란은 대서양을 내려와 완전히 다른 방향인 서쪽으로 향했다. 마젤란은 태평양 항해에 도전하기 전에 이미 인도양 항로를 통해 말라카까지 다녀온 경험이 있었다. 그는 포르투갈 태생이지만 스페인 국왕의 후원을 받았기에 스페인 깃발을 달고 항해한 스페인 항해사다. 스페인 국왕 카를로스 1세의 후원으로 약 1년 5개월의 준비를 거쳐 최첨단 5척의 선단에 270명이 승선하여 대서양으로 나섰다. 출발지는 스페인 남부 낭만적인 항구도시 세비야였다. 그는 1519년 9월 20일 역사적인 탐험 길에 올랐다.

대서양을 따라 남아메리카 최남단의 혹독한 파도와 험난한 풍랑을 견디며 사투를 벌였다. 마침내 대서양과 태평양을 연결하는 해협, 나중에 '마젤란 해협'이라고 이름 붙여진 좁고 험한 해협을 간신히 빠져나온다. 560킬로미터밖에 안 되는 이 해협을 통과하는 데 무려 40일을 보낼 정도로 험난한 경험을 했다. 한 척의 배는 파도에 휩싸여 흔적도 없이 사라졌고 또 한 척의 배는 겁에 질려 도망치듯 스페인으로 돌아갔다. 얼마나 험한 항해였는지를 보여주는 광경이다.

이곳을 통과하자 눈앞에 펼쳐진 것은 이전의 항해와는 아주 판이하게 고요하고 잔잔한 평화롭기 그지없는 바다였다. 마치 다른 세상과 같았다. 항해하기 좋은 적당한 바람과 잔잔한 파도 그리고 따사한 햇볕을 받으며 밤낮으로 항해하였다. 그 광경을 맞이한 마젤란은 감격하여 이 바다를 '평화로운 바다'라는 뜻의 라틴어 'Mare Pacificum'이라 불렀다.

태평양의 여러 풍모에서 온화하고 평화로운 모습을 본 것은 분명 마젤란의 행운이었다. 만약 마젤란이 범선이 난파할 것 같은 격한 풍랑을 만났거나 따가운 햇볕 아래 바람 한 점 없는 적도에 갇혀 오도 가도 못 하고 여러 날 혹은 여러 달 바다 위에 묶여있는 경험을 했다면 태평양은 지금과는 아주 판이한 이름으로 불릴 것이다. 마젤란이 태평양을 항해하며 거친 폭풍을 만났다면 아마도 태평양의 이름은 평화로운 바다가 아니라 정반대의 이름으로 명명되었을 것이다. 폭풍의 바다이거나 광풍의 바다로 말이다.

마젤란은 대서양 남단에서 태평양을 가로지르는 긴 항해 끝에 필리핀에 도착하였다. 그러나 이곳 원주민에 의해 살해되어 안타깝게도 스페인으로 돌아가지 못했다.

마젤란은 항해에서 유명을 달리하였지만, 그의 부하들은 필리핀에서 계속 서쪽으로 항해하여 인도양을 건너 희망봉을 돌아 대서양을 거쳐 1522년 9월 출발했던 세비야항으로 돌아왔다. 3년간의 대장정 끝에 '빅토리아호' 단 한 척만 귀환하였다. 선원은 18명뿐이었다. 출발했던 270명 중에 극히 일부만 온전히 돌아온 셈이다. 많은 피해가 있었지만, 그들은 지구가 둥글다는 것을 항해로 오롯이 입증하였다. 최초의 온전한 세계 일주다.

마젤란이 명명한 Mare Pacificum은 유럽 각국의 언어로 번역되었고, Pacific Ocean은 이렇게 태생하였다. 그리고 동양에서는 태평양太平洋으로 번역하였다. 태평양 하면 떠오르는 또 하나의 강력한 연상은 태평양 전쟁Pacific War이다. 직역하면 평화로운 전쟁이다. 역설적인 명칭이라 하지 않을 수 없다. 평화로운 전쟁이라니 말이다. 전쟁을 평화가 수식하는 일종의 형용모순oxymoron이다. 평화로운 바다에서의 전쟁이니 얼마나 더 참혹하고 치열하였는지를 짐작할 수 있다. 우리 민족도 일본의 강압으로 태평양 전쟁에 강제 동원된 상흔이 있기에 태평양 전쟁이라는 명칭이 더욱 모순적으로 느껴진다. 태평양이라는 이름으로 인해 도저히 어울리지 않는 두 단어가 결합되어 극적 발화가 이루어졌다.

태평양이란 이름은 유럽 대륙 전방에 펼쳐진 커다란 바다라는 의미의 대서양大西洋보다는 훨씬 낭만적이고 감성적이다. 대항해 시대가 펼쳐지기 전 오랜 세월 동안 유럽인들에게는 대서양이 그들이 아는 유일한 큰 바다였다. 바다라면 지중해의 관문인 이베리아반도 스페인 남쪽 끝과 아프리카 북부 모로코 북부 사이의 지브롤터 해협 너머에 있는 아틀란틱이라 명명된 바다가 전부였다.

아틀란틱Atlantic은 그리스 신화 속 아틀라스Atlas의 이름에서 파생한 라틴어에서 유래되어 정착하였다. 어찌 보면 대서양은 유럽 문명과 역사 그 자체를 함께한 바다인데 이름이 서쪽에 있는 바다라는 극히 지정학적 의미만 담고 있는 대서양으로 번역된 것은 좀 밋밋하게 느껴져 아쉬움이 남는다. 이 점에서는 인도양도 마찬가지다. 인도를 끼고 있는 바다 정도의 지정학적인 의미만을 가지고 있다.

이렇듯 태평양은 규모는 말할 것도 없고 이름이 담고 있는 함축적 의미가 그 어떤 대양보다 비교할 수 없을 만큼 크고 깊다. 이름에도 품격이 있다. 한 사람의 경험과 통찰이 수백 년 내려온 그리고 수천 년 내려갈 평화로운 바다라는 이름을 만든 것이다. 평화로운 바다를 고마워했던 마젤란의 속 깊은 마음이 태평양의 이름 속에서 그대로 다가온다.

마젤란의 이름은 마젤란 해협 이외에도 남반구 어디에서나 맨눈으로 볼 수 있는 대표적인 은하계의 이름으로도 후대로 내려온다. 남태평양의 밤하늘은 '대마젤란은하'와 '소마젤란은하'로 가득하다. 이 은하계는 1519년부터 1522년 사이에 이루어진 마젤란의 세계 일주 항해에 따라나섰던 이탈리아 탐험가 안토니오 피가페타에 의해 명명되었다.

그는 항해를 마치고 《최초의 세계 일주 항해에 대한 보고서》를 저술하였다. 여기에서 그는 평화로운 바다의 밤하늘을 가득 비춘 은하계에 항해를 영도했던 마젤란의 이름을 붙였다. 이후 유럽에 널리 알려진다. 마젤란 은하계는 지구에서 가장 가까운 외부 은하 중 하나이며 활발한 별 생성이 일어나고 있기에 지금도 항성연구에 보물창고로 여겨지고 있다.

다시 마젤란의 항해 이야기로 돌아와서, 그의 세계 일주 항해와 그가 꼼꼼히 남긴 기록 덕분에 지구가 둥글다는 것은 물론이고 지구 한 바퀴의 거리를 알게 되었다. 비록 마젤란은 태평양 항해에서 유명을 달리하였지만 포근하고 따뜻한 태평양을 만난 것은 그에게 행운이었다. 그리고 후대의 모든 사람에게 태평양 이란 이름의 멋진 상상력을 선사하였다. 마젤란의 행운이 더 크게 보인다.

남태평양,
마지막 낙원의 마지막 역설

외지인의 눈에 비친 남태평양은 낙원의 또 다른 이름이다. 흔히들 남태평양을 지구상에 남아 있는 마지막 낙원이라고 한다. 이번 순항훈련의 항로인 뉴질랜드의 오클랜드에서 피지를 거쳐 하와이로 가는 항로의 좌우 넓은 지대가 남태평양이다. 남태평양도 광범하다. 섬이 많다 하여 '폴리네시아', 검은 피부를 가진 사람들이 산다고 하여 '멜라네시아', 작은 섬들이 모여 있다 하여 '미크로네시아'로 불리는 세 권역으로 나뉜다. 미크로네시아 권역은 우리 역사에서 '남양군도'로 불리는 곳으로, 많은 한국인이 태평양 전쟁의 징병으로 끌려가 희생을 당했던 곳이기도 하다.

우리 순항훈련의 경로는 남태평양에서도 폴리네시아 지역이다. 뉴질랜드에서 하와이 섬을 잇는 넓은 대양이다. 여기에는 피지, 사모아, 통가, 타히티를 포함하여 셀 수도 없이 많은 섬이 있다.

남태평양 지역은 푸른 태평양 대륙Blue Pacific Continent이라고 칭한다. 국가 단위로 보면 14개국으로 이루어져 있다. 피지가 가장 넓은 영토를 가지고 있다. 이들 국가 중 미국의 신탁통치에서 1986년 독립국가가 된 마셜제도의 국가國歌를 작곡가 길옥윤이 만들었다고 한다. 어떤 연유로 한국의 작곡가가 이곳 국가를 작곡하였는지 별반 알려진 것이 없다. 흥미롭고 자못 궁금하다.

남태평양 하면 떠오르는 풍경이 있다. 야자수 휘늘어진 그늘 아래 하얗게 빛나는 모래, 아름다운 산호초, 잔잔한 파도가 끊임없이 몰려오는 해안선, 백사장에 올라와 있는 작은 배, 열대의 꽃과 식물이 풍성하게 널려 있는 것이 전형적인 풍경이다. 나이 지긋하게 드신 분들은 남태평양 하면 1950년대에 상영된 영화 〈남태평양〉을 떠올린다. 우리에게 남태평양의 풍경을 소개한 최초의 대중문화 작품이었다. 영화 속의 풍광은 이 세상이 간직할 수 있는 낙원의 모습으로 각인되었다. 당시 이 〈남태평양〉 영화를 보고 평생 여행의 로망으로 간직하고 있다가, 요즘의 표현으로 버킷리스트에 담아놓고 시간이 많이 지나 여유가 좀 생겼을 때 다녀온 사람도 많다.

남태평양에서 보는 밤하늘은 더 정감 있다. 모두가 별자리의 주인이 될 수 있기 때문이다. 별자리 이름을 확인하는 밤하늘과 별자리 이름을 새로 붙이는 밤하늘은 참 다르다. 전자가 북반구의 밤하늘이라면 후자는 남반구의 밤하늘이다. 이런 연유로 남쪽의 밤하늘에 마음이 더 기울어지는 것은 나만의 정감은 아닐 듯하다. 남반구에서 알려진 별은 남십자성 정도다. 북반구에 비해 사람들의 행적이 드물었기 때문이다. 행적이 드물었기에 후대에게 더 많은 기회를 주는 셈이다. 이름이 없어 생소하지만 더 가까이 친근하게 다가온다. 익숙지 않은 것에서 더 푸근함을 느낀다.

하늘이 얼마나 청정한지는 새삼 언급할 필요가 없다. 남반구 밤하늘을 보며 문득 배우 안성기 주연의 영화 〈라디오 스타〉의 대사가 생각났다. "자기 혼자 빛나는 별은 없어. 별은 다 빛을 받아서 반사하는 거야." 남태평양의 밤하늘은 서로를 빛나게 해주는 별의 군락으로 가득하다. 영화 대사와 남태평양의 밤하늘이 겹치면서 여운이 오래 남는다.

남태평양은 사람을 매료하는 곳이다. 이곳은 인문지리가 풍부하다. 섬 하나하나에 많은 이야기가 깊게 담겨 있다. 항해 내내 보물섬 같은 여러 이야기를 들춰낼 수 있었다. 남태평양에 매료된 인물 중 대표적인 사람은 단연 고갱이다. 고갱만큼 남태평양의 상징성을 지니고 있는 인물도 없을 것이다. 그는 타히티에서 8년 가까이 머물렀다. 그의 역작과 걸작은 모두 타히티 시절 나왔다고 해도 과언이 아니다. 그에게 타히티는 지상의 원초적 낙원이었다. 그는 문명의 때가 묻지 않은 대자연의 야생성과 원주민의 순수성 그리고 원시로의 회귀를 화폭에 담았다. 고갱의 유명한 〈우리는 어디서 왔고 무엇이며 어디로 가는가〉의 걸작은 이를 배경으로 만들어졌다.

화가의 눈에 들어온 순수, 야생, 원초와 같은 모습을 인류학자들이 놓칠 리 없다. 인류학자의 눈에 들어온 남태평양은 인류학 연구의 보고였다. 인류학의 핵심 연구 주제의 하나는 인간의 원초적인 본유의 모습을 찾아 나서는 것이다. 인류학자들은 이를 남태평양의 원주민에게서 찾아볼 수 있다고 생각했다. 남태평양에 특별한 애착을 갖고 연구의 일가를 이룬 대표적인 학자로 미국의 마거릿 미드, 영국의 브로니슬라브 말리노프스키, 프랑스의 마르셀 모스를 들 수 있다.

미드는 남태평양에서 인류학에 대한 열정을 불태운 대표적인 학자다. 1925년 남태평양의 사모아섬에 발을 디딘 이후 남태평양에서 일곱 부족을 연구하고 남태평양에 대한 서양 세계의 인식을 변화시키는 기여를 하였다. 남성과 여성의 차이, 원주민의 정신세계 등의 연구 결과를 통해 당시 서양 사람들이 믿던 편견을 깨트릴 수 있었다. 미드의 인간에 대한 연구의 출발이자 종착은 남태평양이었다고 해도 틀린 말이 아니다.

폴란드 태생의 영국 인류학자인 말리노프스키는 남태평양 원주민들에게서 야만인이라는 누명을 벗겨 준 현대 인류학의 창시

자다. 그는 1차 세계대전 중 남태평양의 트로브리안드에서 이들을 터무니없이 이상화하거나 비하하지 않고, 그들의 삶의 모습을 실제 그대로 이해하려 했다. 말리노프스키는 원주민들 삶의 현장으로 뛰어들어 천막을 치고 2년 동안 그들과 함께 살았다. 또 원주민의 언어를 완벽하게 습득해 그들의 생각과 의견을 생생하게 이해했다. 이로써 그는 19세기 '안락의자 인류학'과 결별하고 현대 인류학의 이정표를 세웠으며, 그가 처음으로 실행한 현장을 찾아 나서는 '참여 관찰'은 이후 인류학 연구의 가장 보편적인 방법으로 정착했다.

인간의 원초적인 모습을 사회관계의 측면에서 접근한 대표적인 학자가 모스다. 그는 선물 연구로 유명한 프랑스의 인류학자다. 인간의 가장 기본적인 차원에서의 활동은 선물을 주고받는 관계라고 보며, 선물은 사회 관계의 우위를 확인하는 기제라고 주장한다. 그는 교환으로 이루어진 사회와 선물로 이루어진 사회를 구분하고, 전자를 등가교환의 원리가 작동하는 현대 자본주의 모습으로 규정하였다. 이와는 대조적으로 선물이 사회를 유지하는 기본 동력으로 작용하는 사례를 남태평양의 원주민에서 찾아낸다.

남태평양 사람들은 전반적으로 체격이 크다. 풍기는 인상이 서글서글하고 여전히 순박해 보인다. 남태평양에 붙여진 이미지는 순수, 단아, 청정, 이런 것이다. 그런데 청정과 자연과 함께한 이곳도 얼마 전부터 고민이 많다. 기후 변화와 지구 온난화로 인해 해수면이 높아지며 여러 섬이 서서히 바다에 잠기는 것이다. 피지에서 하와이로 항해하는 권역에 있는 키리바시, 투발루는 국토 대부분이 해수면 상승으로 수십 년 이내에 수몰될 전망이다.

역설적이게도 문명의 혜택을 가장 덜 받은 청정지역이 제일 먼저 문명의 버림을 받는다. 이런 것을 두고 아이러니라고 하는가 보다. 소멸할 국가의 운명 앞에 그래도 미래를 붙잡고 싶은 마음에 디지털 국가Digital State를 구상하고 있다고 한다. 디지털 국가란 지금 살던 땅에서 떠나 다른 나라에 정주하더라도 자신들의 국가 정체성을 디지털 속에서나마 유지하겠다는 가슴 아픈 이야기다. 디지털 속의 국가 정체성이 얼마나 오래갈 것인지는 예단하기 어렵지만 그리 강건할 것 같지는 않다는 생각을 하니 애잔함마저 든다.

남태평양의 크고 작은 섬은 인류학의 보고라고 불리는 아름답고 소중한 곳이지만 지구 온난화에 따른 해수면 상승으로 사라질 운명에 처해 있다. 인류학의 보고로 여겨질 정도로 문명과 가장 먼 곳에서 현대 환경문제에 따른 피해가 가장 먼저 닥치게 되는 것은 분명 문명의 역설이다. 외부인의 눈에 마지막 낙원으로 비친 남태평양의 풍경이 아련하게 다가오는 까닭이다.

적도, 범선의 지혜와 지금

우리 항해는 적도를 지나며 절정으로 치닫는다. 적도의 바다는 완숙한 표정이다. 적도의 파도는 마치 유리면같이 청아하게 넘실거린다. 적도의 물결은 그동안 경험한 바다와는 너무나도 다르다. 유난히도 잔잔하다. 적도는 1년 내내 낮과 밤의 시간이 같다. 적도는 지구의 허리띠다. 남극과 북극에서 같은 거리에 있으며 북반구와 남반구를 나눈다. 적도는 북반구의 북동 무역풍과 남반구의 남동 무역풍이 엇갈리며 수렴하는 영역으로 무풍지대 Doldrums로 잘 알려져 있다. 이것은 기압의 변화가 거의 없어 기압 경도가 작아서 풍속이 매우 약해지거나 바람이 거의 불지 않는 현상으로 나타난다.

대항해 시대를 열었던 범선은 바람의 힘으로 움직였기에 바람은 최고의 편便이자 최대의 적敵이었다. 범선들은 적도 부근의 무풍지대에 들어가는 것을 가장 두려워했다. 역풍逆風보다 못

유난히 파도가 잔잔한 적도 근처의 태평양

한 존재가 무풍이며, 거친 태풍보다 무서운 것이 무풍이다. 역풍이 불면 지그재그 항해기법을 활용하여 움직이는 것이 가능하고 태풍이 닥쳐오면 힘들어도 무언가 할 수가 있지만, 무풍지대는 아무것도 할 수 없는 상황이다. 바람에 의존하는 범선을 움직일 수 있는 동력이 완전히 소멸한 것이다. 날씨가 바뀌기를 무작정 기다리는 것 이외에 뾰족한 방법이 없었다. 사회현상에 빗대어 표현하면 매서운 비판보다 더 무서운 것이 무관심이라는 말이 적도의 무풍을 두고 하는 말인 듯하다.

무풍의 적도에서 범선의 지혜를 생각해 본다. 멀리 떨어진 곳에서의 항해이지만 무풍의 잔잔한 적도를 건너며 어수선한 한국 사회 현실이 어른거렸다. 요즘 한국 사회의 상황을 한마디로 정리하면 두 극단이 만나 사회의 동력을 완전히 소멸시키는 것이 아닌가 싶다. 국민은 여야가 이렇게까지 극단적으로 대립하고 사회의 동력을 소멸시킨 적이 있었는지를 묻는다. 한 발짝도 앞으로 못 나가는 형국이다. 도대체 여야 관계가 어디까지 가야 직성이 풀릴 것이냐고 걱정한다. 대립과 소멸의 종착지가 어떤 모습일지 불 보듯 훤하다. 피해는 고스란히 국민의 몫으로 남는다.

가뜩이나 기존의 사회발전을 추동했던 동력은 점점 그 힘을 잃어가고 있지만 잃어버린 그 자리를 채워줄 새로운 동력은 쉽게 찾아지지 않는 상황이다. 무풍지대를 헤쳐 나가려는 범선의 지혜

에서 소멸로 치닫는 오늘의 한국 사회가 풀어내야 할 해법을 찾아본다.[4]

첫째, 위기의 상황에서 최고의 방책은 역시 신뢰다. 무풍이 언제까지 진행될지 모르는 상황은 선원들의 인내심, 차분함, 절제력을 무한히 요청한다. 뜨겁게 내리쬐는 적도의 태양 아래에서 어려운 시간을 동요 없이 지탱케 하는 것은 서로에 대한 신뢰뿐이다. 아무리 어려운 상황이라 하더라도 적어도 우리는 대한민국이라는 한배를 탔다는 최소한의 신뢰를 갖는 것이 무엇보다 중요하다.

둘째, 좌표를 정확히 알아야 한다. 좌표를 모르면 지금의 위치도 방향도 모르며 어디로 헤쳐 나가야 할지도 모른다. 항해에서는 천문항법이든 나침판을 바탕으로 좌표를 확인하든 하나의 방향을 끊임없이 견지하는 향상성을 확보해낸다. 오늘의 우리 위치와 지향점을 정확히 간파해야 한다. 세계 10대 경제대국이며 세계 최고 수준의 문화 소프트파워 국가임에도 불구하고 한국만큼 지속가능성의 문제가 절박하게 제기되는 나라도 드물다. 지금의 좌표를 정확히 숙지하고 지속가능을 위한 항법을 들고 있어야 한다.

셋째, 큰 조류를 읽어야 한다. 범선에게 기류를 읽어내는 것보다 더 중요한 것은 없었을 것이다. 기압이 바람을 만들고 이것이 파도와 너울을 연쇄적으로 만들어낸다. 오늘의 국가 상황에 비유하면 기류란 큰 흐름, 시대정신에 해당한다. 시대정신이 정세를 만들고 이것이 정책과 전략을 연쇄적으로 만들어낸다. 시대정신이란 크게 아우르는 울타리이기에 이를 놓치고 지금의 소멸 상황을 풀어내기는 어렵다.

넷째, 튼튼한 배를 갖추고 있어야 한다. 항해하는 배는 주식, 부식, 청수와 같은 기본 생필품을 충분히 가져야 한다. 그래야 무풍지대에서 오래 갇혀 있는 기간을 버틸 수 있다. 이것을 국가에 비유하면 국가가 동원할 수 있는 경제 자원을 튼튼히 가져야 한다는 것이다. 경제적 여력을 충분히 갖추지 못하였을 때 사회의 갈등과 동요가 만들어내는 파열음은 몇 배로 커진다. 무풍이라고는 하지만 미세한 바람은 있기 마련이기에 이걸 이용하기위해 화려한 돛을 정교하게 더 많이 달 수 있는 튼실한 배를 갖추어야 한다.

다섯째, 마음을 하나로 모아야 한다. 절박한 간절함을 모으는일 같은 것 말이다. 범선의 시대에는 적도 통과를 기원하는 적도제赤道祭를 지냈다. 적도제는 기능론적으로 해석하면 범선 내의 통합을 도모하는 최적의 방법이다. 지금이야 적도제 같은 의식은 없지만 이렇게 읽어내야 한다. '지금의 상황은 매우 어렵습니다. 앞으로의 상황도 쉽지는 않을 것입니다. 그러나 우리는 반드시 여기를 헤쳐 나갈 것입니다. 모두 힘들지만 마음을 모아주세요. 그 책임을 무겁게 지고 솔선수범하겠습니다.' 간절한 감성에 호소하는 겸허한 설득의 리더십이 범선 시대의 적도제가 아닌가 싶다.

지구의 위와 아래를 정확히 반으로 나누는 적도를 건너며 범선이 주도했던 대항해 시대나 지금이나 세상이 굴러가는 이치는 다르지 않아 보인다.

항해에서 가장 필요한 하나를 꼽으라고 한다면, 그것은 균형 있게 중심을 잡는 것이다. 항해하는 배는 쉼 없이 흔들린다. 때로는 크게 때로는 작게 말이다. 흔들림이 없는 항해는 생각할 수 없다. 그건 어찌 보면 죽은 항해인지도 모른다. 항해는 끊임없이 중심을 견지하고 균형을 맞추는 과정이라 하여도 틀린 말이 아니다. 이때, 물리적인 균형뿐만 아니라 선원들 사이의 신뢰를 유지하도록 하는 사회적 균형 역시 매우 중요하다. 항해는 끊임없이 우리가 지금 어디에 있으며 어디를 향하는가의 좌표를 확인하는 노정路程이라 하여도 틀림이 없다.

흔들리기는 사회도 마찬가지다. 끊임없이 좌표를 확인해야 하는 것은 국가든 조직이든 개인이든 마찬가지다. 사회는 흔들림으로부터 자유로울 수 없으며, 그 흔들림이 사회발전의 동력이 되기도 한다. 오늘의 우리 사회는 지금 어디에 있으며 어디로 가야 하는지의 질문이 항해 내내 머릿속에서 맴돈다. 중심은 잡고 있는지, 균형 감각은 있는지 말이다. 지구의 중간지점인 적도를 건너며 중심과 균형의 가치를 다시 새겨본다.

날짜변경선의 마법,
아주 특별한 하루

날짜변경선International Date Line을 지나며 하루를 오롯이 벌었다. 같은 날을 두 번 경험하였다. 두 번의 하루다. 피지에서 하와이로 이동하는 11월 22일에 날짜변경선을 지났다. 그리고 다음 날도 11월 22일이다. 11월 22일을 온전히 두 번 경험한 것이다. 그래서 첫날은 11월 22일-1, 그다음 날은 11월 22일-2로 기록하였다.

돌이켜보니 40년 전 미국 유학길에 오르며 태평양을 건너기 시작하여 날짜변경선을 수십 번 지났다. 매번 날짜변경선을 지났지만 개념상으로만 존재하였다. 아메리카 대륙에 도착하여 지역에 따라 시간을 10시간부터 13시간 뒤로 돌려놓는 것으로 날짜변경선의 존재와 시간 차이를 인지하는 정도였다. 그런데 이번은 다르다.

날짜변경선은 경도 0도인 영국 그리니치 천문대의 180도 반대쪽인 태평양 한가운데, 경도 180도를 기준으로 삼아 북극과 남극 사이의 태평양 바다 위에 세로로 그은 가상의 선이다. 지구는 360도이므로, 매 15도마다 1시간을 배정하면 하루의 시간인 24시간이 되어 지구의 자전을 설명한다. 전 세계를 24시간으로 나누고 영국을 기준으로 우로 12시간, 좌로 12시간을 구분하여 각 지역별로 시차를 적용하다 보니 어느 시점에서는 하루를 통째로 반복하거나 없어지는 상황이 나타난다. 그 신기한 상황이 날짜변경선이다.

같은 시간대 내에 속한 지역에서 날짜가 달라서 올 수 있는 혼란을 피하려고 사람이 사는 섬이나 육지를 피해서 동일 지역은 하나로 묶어 기준선을 만들었다. 관련 국가의 결정에 따르므로 실제 정확한 직선은 아니며 좀 더 복잡한 모습을 보인다. 이를테면 북으로는 미국의 알류샨 열도를 지나 러시아의 캄차카반도, 남으로는 뉴질랜드 동쪽으로 일부 휘어져 있다. 이 선을 기준으로 하여 서에서 동으로 넘을 때는 날짜를 하루 늦추고, 동에서 서로 넘을 때는 하루를 더한다.

어릴 적 두 개의 하루 혹은 사라진 하루를 만드는 날짜변경선은 좀처럼 이해하기 어려운 마법 같은 얘기였다. 태양과 같은 속도로 이동하면 항상 같은 시간을 유지하게 된다고 생각했는데 이제 그 지점에 있고 날짜가 하루 조정되면서 오롯이 하루의 시간이 생기는 현상을 직접 경험하였다. 어릴 적 꿈꾸어온 마법이 이렇게 직접 경험으로 구현된다는 생각에 마음이 좀처럼 진정되지 않았다.

날짜변경선의 존재를 접하고 호기심을 느낀 것은 초등학교 시절 보았던 영화 〈80일간의 세계 일주〉에서다. 80일이라는 짧은 기간 동안 영국에서 출발해 세계 일주를 하고 다시 영국으로 돌아오는 흥미진진한 이야기다. 하루 늦게 도착한 줄로 알았는데 날짜변경선을 깨닫고 약속에 맞게 도착하여 내기에서 이긴다는 스토리가 당시에는 신기하였다. 이때부터 날짜변경선은 호기심의 대상이었고, 언제 한번 직접 경험해 보아야지 하는 로망의 영역이었다.

11월 22일, 하루를 오롯이 두 번 반복하는 아주 특별한 날, 나의 선상 일기장에는 이렇게 기록되어 있다.

11월 22일-2(화) 날짜변경선을 지나며

오늘 날짜변경선을 지났다. 태평양을 건널 때마다 날짜변경선을 지나고 하루가 더 생기는 경험을 하였지만 그것은 개념상으로만 시계의 바늘만이 큰 폭으로 확 움직이는 것이었다. 그러나 이번은 아주 다르다. 11월 22일 화요일을 오롯이 두 번 경험하는 것이다. 11월 22일－2, 하루를 완전히 번 것이다. 무풍지대의 적도를 건널 때는 엄숙함을 느꼈다면, 날짜변경선을 지날 때는 신기함을 느낀다. 시간을 선물로 받은 셈이다. 시간을 받는 것은 인간이 꿈꾸는 것들 중 가장 간절히 바라는 것이 아닌가 한다.

시간을 만들어 선물하다니 이건 마술이다. 날짜변경선을 반대로 갈 때는 다시 돌려주어야 하겠지만 그건 나중에 생각하기로 하였다. 적도를 건널 때도 적도赤道라는 말이 뜻하는 붉은색 선이 안 보인 것처럼 날짜변경선을 넘을 때도 파란색 선은 보이지 않는다.

끝 간 데 없는 넓디넓은 태평양 한가운데를 한산도함이 내달린다. 바다에는 가운데가 없지만 마치 원의 중심을 향해 달리는 듯하다.

태평양의 수평선을 잇는 무지개

한산, 충무공,
《난중일기》

3장

한산閑山,
큰 산이 아니라 가로막을 산이다

태평양 항해를 함께했던 함정, '한산도함'은 한산이라는 이름만
으로도 그 위용과 결기를 절반은 먹고 들어간다. 충무공 이순신
과 한산대첩으로 이어지는 한산도함의 이미지는 그 어떤 이름도
필적하기 어렵다. 한산이라는 말 자체의 의미도 깊이가 있다. 흔
히 생각할 수 있는 바다에 떠 있는 '큰 산, 큰 뫼, 한 뫼'라는 뜻의
한산韓山 대신, 가로막을 한閑 자를 쓴다. 문門과 나무木가 합쳐
진 것으로 '울타리, 가로막다'의 뜻을 가지고 있다. 무엇을 가로
막는 산인지 역사적 사실에 비추어 그 의미를 해석해 보면 더 숙
연해진다. 가로막을 산, 한산은 이런 깊은 뜻을 품고 있다.

　한산도는 충무공의 장엄하고 동시에 애끓는 삶의 현장이다.
충무공 시에는 유난히 한산도가 많다. 우리 국민이 역사의 현장
을 되새기기 위해 가장 많이 암송하는 시로는 〈한산도가閑山島歌〉
가 단연 으뜸이다.

閑山島月明夜上戍樓 한 산 도 월 명 야 상 수 루	한산섬 달 밝은 밤 수루에 홀로 앉아
撫大刀深愁時 무 대 도 심 수 시	큰 칼 옆에 차고 깊은 시름 하는 차에
何處一聲羌笛更添愁 하 처 일 성 강 적 경 첨 수	어디서 일성호가는 남의 애를 끊나니

충무공의 근심 가득한 마음은 〈한산도야음閑山島夜吟〉의 시에
서도 그대로 나타난다.

水國秋光暮 수 국 추 광 모	바다에 가을빛 저무니
驚寒雁陣高 경 한 안 진 고	찬바람에 놀란 기러기 떼 높이 나네
憂心輾轉夜 우 심 전 전 야	가슴에 근심 가득 잠 못 드는 밤
殘月照弓刀 잔 월 조 궁 도	기우는 달이 활과 칼을 비추네

군함에 붙여지는 함정의 이름, 함명艦名은 우리 역사에서 훌
륭한 업적을 남기며 국민으로부터 추앙받는 인물이나 도시, 도
서, 산, 강과 같은 지명을 많이 활용한다. 이를테면 해군의 대표
적인 구축함은 세종대왕, 광개토대왕, 충무공 이순신과 같은 역
사적 영웅의 이름을 갖고 있다. 함명은 함정을 건조하여 최초로
물 위에 띄우는 진수식에서 명명한다.

한산도 함명은 임진왜란 당시 삼도수군 통제영이 설치된 경
남 통영시 한산도의 지명을 따라 지어졌다. 통영은 경상도, 전

라도, 충청도 삼도의 수군을 통솔하는 삼도수군통제영을 줄인 말이다.

한산도함의 이름에는 한산도라는 지명을 훨씬 넘어서는 역사적 사건이 있다. 한산대첩이다.

한산대첩은 세계 전쟁사에서도 한 챕터를 구성할 정도로 유명한 전투다. 1592년 임진년 7월 8일, 56척으로 왜선 73척 중 12척 나포, 47척을 격침한 전투였다. 당시 충무공 나이 마흔여덟이었다. 충무공의《난중일기》에는 6월 11일부터 8월 23일까지 한산대첩을 전후한 앞뒤의 한 달 이상의 일기가 남겨져 있지 않다. 한산대첩 바로 전에 있었던 6월 2일 당포해전, 6월 5일 당항포해전, 6월 7일 율포해전은 일기에 그대로 남아 있다. 이 대전들은 한산도와 그리 멀지 않은 곳에서의 전투다. 물론 모두 승리한 전투다.《난중일기》에는 빠져 있는 한산도 전투의 자세한 전말은 충무공이 조정에 보낸 장계에 기록되어 있다.《난중일기》에는 당시 한산대첩의 전황과 충무공의 생각이 빠져 있는 아쉬움이 있지만,《난중일기》는 그 역사적 기록 가치로서 높게 평가되어 1962년 국보로 지정되었으며 2013년 유네스코 세계기록유산으로 등재되었다.

한산대첩은 문자 그대로 커다란 승리, 대첩大捷이다. 한산대첩은 세계 해전사에서는 그리스 함대가 페르시아 함대를 대파한 것으로 유명한 살라미스salamis 해전에 비유하여 조선의 살라미스 해전으로 불리곤 한다. 그 유명한 학익진鶴翼陣의 위용이 등장하는 전투다. 학익진은 반원의 형태로 적을 포위하면서 일시에 공격하는 전법이다. 그 모습이 학의 날개를 펼치는 모습과 닮아 학익진이라는 이름이 붙었다. 소설가 김훈은 충무공연보를 정리하며 학익진을 이렇게 묘사한다.

한산도 앞바다에서 학익진은 수세와 공세, 유인과 섬멸, 도주와 역공, 포위와 역포위에 신속한 전환의 위력을 떨쳤다. 이 '전환'이야말로 한산대첩의 비밀이었다. 적의 주력을 넓은 바다 쪽으로 유인하며 도주하던 이순신의 함대는 돌연 적 앞에서 180도 선회하면서 양쪽으로 날개를 펼치며 적을 포위해서 섬멸했다. 강도 높은 군사 훈련과 지휘관의 대담성만이 작전의 성공을 담보할 수 있었다.[5]

한산대첩의 전과는 임진왜란 전체의 국면을 바꾸어 놓았다. 평양까지 거침없이 올라가던 왜군은 거기서 멈춘다. 한산에서의 패배 때문이다. 왜군은 한산대전의 패배로 남해안 바다 통제권을 상실했고, 바다를 통한 보급로는 끊겼으며 퇴로마저 막힌 셈이 되었다. 선조 임금 피난길의 끝자락인 의주를 지척에 두고 진군할 수 없게 된 것이다. 왜군의 거침없는 파죽지세의 진격은 이렇게 일단 꺾였고 임진왜란은 7년에 걸친 장기간의 전쟁 국면으로 들어갔다.

한산대첩은 영화 〈한산〉으로 더 친숙해졌다. 김한민 감독의 〈한산〉은 〈명량〉, 〈노량〉과 함께 이순신 3부작의 하나이다. 영화에서 배우 박해일이 이순신의 역을 하며 이 전쟁은 무엇입니까, 라고 부하가 묻는 말에 이 전쟁은 '의와 불의의 싸움'이라고 대답한다. 영화 속의 대사이긴 하나 뼈를 때린다. 더 이상의 그 어떤 표현도 군말이다. 전쟁의 본질에 관해 더 이상의 설명이 필요 없다.

난중일기亂中日記,
기록을 이길 자는 없다

태평양 항해를 마치고《난중일기》를 다시 읽었다. 그동안 알고 있었던 지식이나 갖고 있던 선입견을 최대한 버리고 백지상태에서 읽어 보려 하였다. 다시 읽어 보니 아주 오래전 유년 시절에 읽었던 것과는 많이 달랐다. 한산도함을 타고 바다의 용사들과 태평양을 건너고 난 이후의《난중일기》는 참 다르게 다가왔다. 기록의 가치는 말할 것도 없고 하루하루를 담아낸 내용과 표현은 나를 완전히 새롭게 안내했다. 행간의 의미가 눈에 들어왔다.

중학생 시절에는 나라를 구한 성웅 충무공의 무용이 기록된 것쯤으로 읽었다.《난중일기》에는 흔히들 전투에서 나오는 영웅호걸의 호탕함이나 장쾌한 승전담은 그리 많지 않다. 그날의 날씨에 대한 언급으로 시작하여 하루의 일과를 사실 중심으로 담담하게 기술하고 있다. 청소년 필독서였기에 읽고 나서는 독

후감을 쓴 기억도 있다. 흥미를 유발하거나 재미있는 책으로서의 기억은 없다. 당시에는 무미건조하였다. 어찌 보면 의무감으로 읽었던 듯하다. 오히려 일기라면 청소년 시절 비슷한 시기에 읽었던 안네 프랭크의 《안네의 일기》가 더 감동적이었으며 기억에 더 오래 남았던 것이 사실이다.

《난중일기》는 문자 그대로 전란 중에 쓴 일기다. 임진왜란이 발발한 3개월 전인 1592년 정월 초하루부터 노량해전에서 죽음을 맞기 이틀 전인 1598년 11월 17일까지 일기 형식의 임란 7년의 기록이다. 충무공이 쓴 초본에는 《난중일기》가 아니라 해당 연도의 이름이 붙여져 있다. 이를테면 임진일기, 계사일기, 갑오일기, 을미일기, 병신일기, 정유일기, 무술일기의 제목이 일곱 해에 걸쳐 붙어 있다. 7년의 일기를 아우르는 《난중일기》라는 제목은 충무공 사후 200여 년이 지난 조선 22대 정조 때에 충무공전서를 편집하면서 붙은 제목이다.

《난중일기》를 다시 손에 잡으며 기록의 가치를 확인한다. 기록의 중요성을 새삼 중언부언할 필요는 없다. 기록의 가치는 32번 싸워 32번 모두 승리하는 충무공의 승전보勝戰譜보다 어찌 보면 후대에 더 큰 교훈을 담고 있는지도 모른다. 기록은 기억보다 훨씬 오래간다. 인간이 겪는 위기의 상당 부분은 기억력의 한계에서 비롯한다. 역사란 똑같이 반복하지는 않더라도 비슷하게 나타나기 때문이다. 충무공과 《난중일기》는 기록을 이길 자는 없음을 역사의 진정성으로 말해 주고 있다.

《난중일기》는 사실에 기반을 둔 기록이다. 7년의 기록에는 천여 명의 인물이 등장한다. 지명도 200여 개나 나온다. 남해안 서쪽 끝에서 동쪽 끝인 동래까지의 모든 항구가 하나도 빠짐없이 등장하는 셈이다. 달리 표현하면 디테일에 강하다. 디테일이 강하다는 것은 상황을 정확히 파악했다는 것이며 준비가 철저하다는 다른 표현이다. 정확한 파악과 철저한 준비는 약속된 승리로 이어진다는 공식을 발견할 수 있다.

기록으로서 《난중일기》의 가치를 가장 진술하게 표현한 이는 단연 작가 김훈이다. 그는 충무공의 기록 정신을 이렇게 평가한다. "이순신은 임진왜란 중에 《난중일기》를 남겼다. 그의 기록 정신은 치열하다. 그는 빠뜨리지 않고, 그는 중언부언하지 않았다." 그리고 이렇게 풀어낸다. "이순신의 문장은 수사를 배제한다. 그는 매일매일 바다의 날씨를 꼼꼼히 살폈고 적과 아군의 형편을 기록했다. 그의 글은 무인다운 글쓰기의 전범이라 할 만하다."[6] 《난중일기》의 기록 정신에 대한 더 이상의 논평은 사족일 듯싶다.

우리 역사에서 충무공만큼 많은 스토리를 가지고 있는 인물도 드물다. 역사 대하드라마 방송 작가들의 말을 빌리면 100부작을 거뜬히 채울 수 있는 역사 인물은 둘밖에 없다고 한다. 세종대왕과 이순신이다. 이들에게는 따뜻한 마음이 있었고, 다른 사람의 얘기에 귀 기울였고, 모든 정보를 종합하여 판단하고 실행에 옮겼다. 온기溫氣, 청기聽氣, 총기總氣다. 리더십의 교본이다.

우리가 '충무공 이순신답다'라고 할 때 그 면모는《난중일기》에 뿌리를 두고 있다. 다시 읽으며 일상생활 속의 키워드가 눈에 들어온다. 노심초사勞心焦思, 공평무사公平無私, 신의일관信義一貫으로 정리해 본다.

다시 보는《난중일기》에서는 충무공의 지극히 인간적인 면모가 유독 눈에 많이 들어왔다. 나라 걱정, 백성 걱정, 늙은 어머니 걱정, 병약한 아내 걱정, 자식 걱정의 연속이다. 실제로 호쾌하게 웃는 대목이 거의 없다. 전쟁에 크게 이겨도 감정의 표현은 극도로 절제되어 있다. 그다음을 준비하고 걱정한다. 더는 걱정할 필요가 없을 때 충무공은 장렬하게 전사한다. 마지막 전쟁, 노량에서 걱정을 내려놓는다.

가족에 대한 애틋한 마음도 일기에 그대로 묻어난다. "나랏일이 이에 이르렀으니 다른 일에 생각이 미칠 수 없겠지만 삼자일녀三子一女가 어떻게 살아갈 것인지 가슴이 아프고 답답하다.""아내의 병이 덜해졌다고는 하나 원기가 몹시 약하여 심히 우려가 되었다.""편지를 보니 눈물이 흐르는 것을 억제할 수 없었다."

노모에 대한 걱정과 죄송스러움은 일기에서 가장 많이 언급되는 대목이다. 인간적인 번뇌와 독백이 그대로 적혀 있다. 막내아들의 사망 소식을 접하는 대목에서는 절제된 감정이 봇물 터

지듯 터진다. "하늘이 어질지 못함이 어찌 이와 같은가. 간담이 찢어진다. 네가 죽고 내가 사니 이런 어긋난 이치가 어디 있는가. 천지가 캄캄하고 백일의 빛이 변했다."

충무공의 공평하고 엄격한 모습도 찾아볼 수 있다. 충무공도 인간인지라 미워하는 사람, 좋아하는 사람에 대한 감정 표현이 솔직하고 직설적이다. 그러나 군법을 집행해야 할 때는 원칙에 따라 사사로움 없이, 일관되게 행했다. 충무공은 엄했고 동시에 자상하였다. 군법을 어긴 죄를 저질러 처형했다는 대목이 일기에 자주 나온다. 전쟁 7년 동안 120번 이상의 군법을 집행한 것으로 집계된다. 죄질에 따라 처형하거나 곤장 수십 대를 때리는 형벌을 가감 없이 적었다.

그의 성격 외에도 《난중일기》를 통해 접할 수 있었던 의외의 모습이 있다. 충무공은 상상할 수 없을 만큼 병약하였다. 몸이 좋지 않다는 일기 구절이 의외로 많다. 병고의 앓는 소리를 달고 살았다고 표현하는 것이 정확하다. 전투에 나가기만하면 이기는 무장으로서 굵은 강골의 고뿔 한 번 안 걸릴 것 같은 이미지와는 아주 다르다. 큰 칼 오른손에 꽉 잡고 우뚝 선 광화문 광장의 충무공 동상이나 왼손에는 활을 들고 오른손에는 지휘봉을 들고 전투를 지휘하는 해군사관학교 교정에 있는 충무공의 동상을 생각하면 말이다.

"몸이 몹시 불편해서 일찍 들어왔다." "기력이 없고 어지러워

밤새도록 괴로워하며 앓았다." "새벽부터 몸이 불편하여 종일 고통스러웠다." "병세가 매우 중해져서 거의 인사불성이었다."

이런 기록이 놀랍게도 많다. 어떤 때는 나흘 연속 병고에 시달리는 일기를 접한다. "토하기를 10여 차례 하고 밤새도록 앓았다." "광란으로 인사불성 되었고 대변을 볼 수가 없었다." "몹시 춥고 불편했다. 토하다가 잤다."

병고에 신음하는 기록은 일일이 세어 보기 어려울 정도로 많다. 일기의 후반으로 갈수록 병약한 이야기가 더 자주 나온다. 전쟁의 피로와 고통이 쌓여가고 있음을 직감할 수 있다. 이런 병약한 몸으로 어떻게 나라와 백성의 절망을 희망으로 바꾸려고 하였나를 생각하면 앞에서 소개한 〈한산도가〉와 〈한산도야음〉과 같은 시가 더 애잔하게 다가온다.

《난중일기》는 충무공 이순신의 시작이자 끝이다. 충무공은 《난중일기》와 함께 피고 진 셈이다.

한산도함,
충무공의 아포리즘으로 가득하다

절망을 희망으로 전환한 한산대첩의 역사적 의미를 품고 있는 한산도함에서는 충무공의 주옥같은 어록이 곳곳에서 시선을 붙든다. 함정 안 곳곳에 적혀 있다. 한 줄 한 줄 하나같이 마음을 움켜쥐게 만든다.

13척의 함선으로 왜선 133척을 격침한 명량해전에서의 "죽고자 하면 살고 살고자 하면 죽는다必死則生 必生則死", 1592년 임진왜란 최초의 해전이었고 최초의 승전이었던 옥포해전에서의 "가벼이 움직이지 마라 침착하게 태산같이 무겁게 행동하라勿令妄動 靜重如山", 1597년 하순 선조에게 올리는 장계에 나오는 "신에게는 아직 12척의 배가 남아 있습니다今臣戰船 尙有十二", 명량해전에서의 "한 사람이 길목을 지키면 천 명도 두렵게 한다一夫當迳 足懼千夫", 세계 해전사에도 기록되는 한산대첩의 전술인 "학익진을 펼쳐서 일시에 진격하라鶴翼列陣 一時齊進", 마지막 전투 노량해전을 앞두고 하늘에 맹세한 "이 원수를 갚을 수 있다면 죽어도 여한이 없습니다此讐若除 死則無憾" 그리고 노량해전의 승리가 다가온 순간 눈 먼 탄환이 가슴을 뚫자 "지금 싸움이 한창이니 나의 죽음을 알리지 마라戰方急 慎勿言我死"까지.

깊은 체험적 진리가 간결하게 압축되어 강력하게 전달되는 충무공의 아포리즘이 태평양을 헤쳐 나가는 한산도함과 어우러져 크고 깊게 다가온다.

한산도함은 무게 4,500톤, 전장 길이 142미터, 최대속력 24노트(44km/h)의 대한민국 해군의 첫 훈련함이다. 2020년에 취역하였다. 현대중공업이 건조하였다. 함정의 정가운데 통로 벽에는 P157의 숫자가 크게 새겨져 있다. 현대중공업이 건조한 157번째 군함이라는 뜻이다. 오랜 시간과 많은 사람이 함께한 땀의 역사임을 말해 준다. 대한민국의 조선해양 기술이 최고 수준임을 말해주는 또 다른 기록이다. 항해의 최첨단 기능이 장착된 완성도는 물론이고 외관도 세련되게 만들어졌다. 110일 동안 지구 한 바퀴의 거리인 4만 킬로미터 이상을 거친 파도를 뚫고 항해해도 끄떡없다. 함정의 디자인부터 부대시설, 성능, 항해에서 나타나는 예기치 않았던 문제가 발생하였을 때 본사로부터 신속하게 제공되는 서비스까지, 하드웨어와 소프트웨어 모든 면에서 세계 최고의 수준이다. K-방산의 위력을 실감한다.

함정은 기능에 따라 여러 유형이 있다. 잠수함, 구축함, 호위함, 초계함, 유도탄 고속함, 고속정, 상륙함, 기뢰전함, 군수지원함, 구조함, 훈련함이 그것이다. 한산도함은 교육훈련과 함정실습을 목적으로 건조되었고 유사시 의무지원과 병력수송 임무를 수행한다. 순항훈련에 아주 적합한 함정이다. 순항훈련에는 처음 출정하였다. 훈련함이 이제 만들어진 것에 아쉬움이 있지만 그나마 다행이다. 해양 강군에 비추어 보면 많이 늦었지만 지금이라도 이렇게 해군 후속 세대의 양성을 위해 건조된 훈련함을 가지고 있으니 말이다.

한산도함에는 훈련함의 기능에 맞게 대형강의실을 비롯하여 세미나실, 수술실, 회의실을 갖추고 있다. 하나같이 최고의 시설이다. 함정 안에 200명 규모의 강의가 원활하게 진행될 수 있는 최첨단 강의실이 있다는 점도 놀랍다. 한산도함에는 다른 함정과는 달리 함교 위에 세미나용 회의실이 있다. 훈련함의 기능을 효율적으로 수행하기 위해 만들어진 만큼 다른 함정에서는 볼 수 없는 곳이다. 이곳은 앞, 좌, 우의 삼면이 확 튀어 있어 바다의 전경이 마치 와이드 스크린처럼 한눈에 들어온다.

함정의 중심 공간은 단연 함교다. 함정에서 제일 높은 곳에 위치해 있고, 상황을 정확히 파악해야 하는 만큼 모든 정보가 수집되고 언제나 정숙한 장소다. 항해를 하며 몇 번 함교를 들른 적이 있다. 다른 곳보다 엄숙한 분위기다. 복장이나 자세도 다시 한 번 더 매만진다. 그런 함교 위에 세미나용 회의실이 널찍하게 자리 잡은 것은 훈련함의 공간별 특성을 반영한 것이다. 이곳은 평시에 생도들이 자습하는 공간으로 활용되어 늘 붐빈다.

군함은 국가라고 한다. 군함은 법과 국제관례에 의해 국가로서의 지위를 갖는다. 다시 말해 군함을 한 국가의 영토로 간주한다.[7] 이 경우 군함은 첫째, 국가의 대표로서 완전한 국가의 주권과 독립을 상징하며, 둘째, 군함에 대한 어떠한 간섭행위도 허용하지 않는 법적 지위를 가지고 있음을 뜻한다. 외국의 영해, 배타적 경제수역, 군도수역, 내수 등에 정박 또는 체류 시에도 같이 적용된다. 타국에서는 한 국가의 대표로서 주권면제라는 특별한 권한을 가지고 있다. 이것은 연안국의 민·형사 사건에 대한 사법권, 행정권 등 제반 관할권으로부터 면제된다는 것을 의미한다. 군함은 그 자체로 국제법이 인정한 국가 영토의 일부분이며 필요한 시간과 장소에서 국가의 힘과 의지를 과시할 수 있는 융통성을 가지고 있다. 해군력이 그 국가의 국력으로 연결되는 대목이다. 특히 이번처럼 여러 나라를 다니는 순항훈련의 경우 국가의 지위를 갖는다는 것은 매우 중요하다.

한산도함은 훈련함으로 비군사활동에도 적극적으로 참여한다. 대민 활동에도 적극적이다. 한 예로 코로나가 한창일 때 육지에서 멀리 떨어진 도서 지역의 의료 지원을 위해 한산도함이 현장으로 출동하였다. 고립되었던 도서 지역을 방문하자, 주민들은 "나라가 우리를 살리려 군함을 보냈다"며 환호했다고 한다. 군의 역할을 확장하고 민군의 실질적인 연결고리를 만드는 데 한산도함이 크게 이바지하고 있는 것이다.

함정은 좌우로 흔들리는 롤링과 앞뒤로 흔들리는 피칭을 절묘하게 받아들이며 쉼 없이 앞으로 힘차게 나아간다. 파도를 거스르기보다는 순응하며 완급을 조절한다. 파도를 이기거나 거스를 수 있는 재간은 없다. 배를 타본 사람이면 다 안다. 유기체의 톱니바퀴처럼 한 치의 어긋남 없이 돌아간다. 이번 순항훈련처럼 먼 거리를 오랜 시간 항해하는 경우는 한 치의 어긋남이 있어서는 안 된다. 한산도함에는 바람과 파도를 품으며 엄격해야 하는 함정의 품성이 그대로 녹아 있다.

항해의 낭만

4장

시간 사치

거친 파도를 헤쳐 나가는 함정은 음악용어로 표현하면 아주 빠른 프레스토presto지만 함정 안에서의 나의 시간은 걸어가듯 적당히 느린 안단테andante를 꿈꾸었다. 순항훈련에 편승하기로 했을 때부터 익숙해진 일상과의 결별을 마음먹었고, 이로부터의 자유로움 속에서 다른 세상을 보고 싶어서다. '자유로움'은 '분류되지 않는다'는 의미의 라틴어에서 기원했다. 그래야 말도 안되는 감상에 푹 젖기도 하고 돈키호테처럼 맹목적으로 이상을 찾아다니기도 할 수 있다.

자유를 향한 여정에 현실적으로 등장하는 가장 큰 걸림돌은 시간이다. 현대인은 시간의 주기율표로부터 자유를 꿈꾼다. 주어진 일정표 없이 시간 가는 줄 모르고 지낼 수 있을지를 생각한다. 내가 해 보고 싶은 버킷리스트 맨 밑바닥에 고이 담겨 있는 로망 중의 로망이 시간으로부터의 자유다. 정확히 표현하면 시간으로의 자유다. 시간 사치라고 표현해도 좋다. 항해를 하기로 마음먹으며 낭만을 꿈꾼 것은 결코 아니지만, 항해의 최고 낭만은 시간 사치다.

시간 사치란 시간이 필요 이상으로 넘쳐나는 것이 아니라 시간 가는 줄 모르는 것에 방점이 있다. 낭만으로는 으뜸이 아닐 수 없다. 함정 후갑판에서 접이식 간의 의자 펼치고 앉아 망망대해를 보는 것은 시간의 구속이나 구애 없는 무념무상이다. 시간으로의 자유다. 무언가를 생각해야 한다는 것 자체가 거추장스럽다. 특별하게 생각거리를 갖지 않으려고 하였다. 생각거리를 갖지 않으면 조급해지고 초조해지는 평소와는 아주 다른 시간 여정이다. 이곳에서는 생각거리를 갖지 않아도 초조하지 않다. 잠시 무한대의 시간을 보낸다는 착각을 한다. 눈을 감고 있어도 눈을 뜨고 있어도 수평선 저쪽 끝은 같은 모습이다. 낭만적인 상상이 나의 두뇌를 가득 채운다. 비움과 채움의 차이를 느끼지 못한다.

함정에서 나에게 정해져 있는 스케줄은 한 가지밖에 없다. 행복하게도 하루 네 번 식사 시간이 전부다. 7시 아침 식사, 11시 30분 점심 식사, 17시 저녁 식사, 20시 야식 시간만 맞추면 된다. 물론 해상 훈련을 비롯한 각종 활동에 참여하거나 행사를 직접 참관한다. 그 이외의 시간 대부분은 오롯이 내가 만들면 된다. 이건 호사豪奢, 호사스러운 사치다. 철저하게 단체 생활을 하면서 이런 호사를 언제 누려 보았는지 기억이 없다. 이번 항해에서 가장 좋았던 것으로는 시간으로부터의 자유, 시간으로의 자유가 단연 최상에 위치한다. 그런데 자유로울수록 더 엄격해야 한다는 것을 체득하는 데는 그리 여러 날이 걸리지 않았다.

시간의 호사를 누리다 보니 별의별 상상을 다 해 본다. 후갑판에 접이식 간이 의자를 갖다 놓고 망망대해를 보며 혹시 앨버트로스가 날아가다 우리 함정에 잠시 기웃거리지는 않을까 기다려 본다. 시인 보들레르가 구름의 왕자라고 명명한 그 새를 볼 수도 있겠다 싶었다.

폭풍이 밀려오면 앨버트로스는 다른 새들과 달리 몸을 피하기는커녕 폭풍 속으로 날아오른다고 한다. 한 번의 날갯짓도 없이 여러 날을 날 수 있다고 한다. 그야말로 활공滑空이다. 이렇게 이 새는 두 달 동안 지구를 한 바퀴 돈다고 한다. 앨버트로스는 2미터나 되는 날개를 활짝 펼치고 생의 95%를 광활한 바다 위를 날면서 보낸다. 이 새는 평생 줄잡아 650만 킬로미터를 날아다닌다고 한다. 어느 정도의 비행 거리인지 번득 감이 오지 않아 흔히들 하는 예에 비유해 보니, 지구에서 달까지 여덟 번 왕복하는 것과 같은 거리다.

혹시 하며 두리번거리지만 정작 앨버트로스를 본 적이 없어

승조원의 설명을 들으며 해상훈련을 참관하였다.

격납고 · 후갑판에서 진행된 적도제 이후의 흥겨운 장기경연대회를 즐겼다.

설사 근처를 같이 항해한다고 하더라도 몰라보았을 것이다. 이렇게 선상에서는 현실적으로 쉽게 조우하기 어려운 초현실적인 상상을 종종 한다. 날아가는 새가 아니라면 바다 날치라도 펄쩍 뛰어오르면 좋겠다는 기대도 하면서 말이다.

격납고는 함정에서 가장 널찍한 실내 공간이다. 동시에 모두가 함께하는 복합공간이다. 당연히 인기 있는 공간이다. 실내공간이라고는 하지만 후갑판과 바로 연결되어 있어 개방적인 공간이다. 큰 행사를 치르기에 안성맞춤이다. 함정에서의 시간 상당은 후갑판에서 보낸다. 후갑판과 바로 연결된 격납고는 저잣거리 표현으로 가성비가 아주 좋은, 인기 있는 공간이다. 헬리콥터 한 대가 넉넉하게 들어올 수 있는 공간인 만큼 가로 세로의 폭이 꽤 넓고 천장 역시 높다. 대부분의 활동이 여기에서 이루어진다. 내부의 단체 행사를 비롯하여 공식적인 외부인 초청 리셉션도 후갑판과 격납고에서 진행된다.

격납고는 대규모 체육관의 역할을 톡톡히 한다. 일과가 아닌 시간이면 운동하느라 격납고는 늘 붐빈다. 철봉에 매달리거나 각자의 몸 관리 방식으로 열심이다. 그중에 으뜸은 탁구다. 탁구의 인기는 엄청나다. 접이식으로 설치하는 3개의 탁구대가 있다. 대부분 복식 게임을 한다. 11점 3세트 게임이다. 순환이 빠르다. 여기서의 탁구는 지상에서 하던 일반적인 그런 탁구가 아니다. 좌우로 흔들리고 때로는 앞뒤로 요동하는 함정에서의 탁구다. 오가는 탁구공에서 중력과 무중력의 절묘한 조화를 체험하는 시간이다. 함정의 좌우 흔들림에 평범한 공도 낙차 큰 커브공처럼 그냥 뚝 떨어지고 강하게 힘 준 스매싱은 헛손질하기 십상이다.

이곳은 군악대의 연습장이기도 하다. 군악대는 리셉션과 기항지에서의 공연을 위해 열심히 연습한다. 장르도 클래식, 재즈, 트로트, K-팝 등으로 다채롭다. 물론 악기도 다양하다. 그중에서 색소폰 연주가 단연 압권이다. 공연에서 사회를 담당하는 재기 발랄한 수병의 트로트도 분위기를 살리는 데는 그만이다. 풍부한 성량의 테너의 연습도 좋다. 연습곡으로 최고의 엔터테이너로 뛰어난 보컬을 가진 가수로 평가받는 프랑크 시나트라의 My Way를 부른다. 가사 한 소절인 "Yes it was my way. I did it my way." 함정에서 듣는 이 가사는 다르게 들린다. 그래 난 내 방식대로 했어. 거친 바다를 헤쳐 나가는 함정의 포부와 겹친다.

기항지에 도착하면 후갑판과 연결된 격납고는 군사 외교의 장 역할을 단단히 한다. 교민과 방문국 정부와 군 관계자들을 초청하는 리셉션이 거행된다. 마치 한국의 날을 연상케 할 정도로 한국적이다. 청사초롱을 걸어 놓고 손님을 맞는다. 군사 외교의 정수를 보여 준다. 이때는 손님을 잘 모시는 한국적 고유의 이른바 접빈객接賓客의 가치를 모두가 한마음으로 실행한다. 매일같이 열심히 연습한 군악대의 공연이 분위기를 최고조로 끌어올린다.

격납고에서 밤에 진행되는 행사도 다양하고 많다. 영화 상영도 있고, 컴퓨터 게임인 철권 게임대회도 열린다. 적도를 건너며 적도제를 지내기도 했다. 범선들이 바람에 의존하여 항해하던 시절, 무풍지대의 위험이 도사리는 적도에서 적도제를 지내며 적도의 용왕께 제반 예식을 갖추고 바람을 달라고 기원한다.

적도제와 함께 위트와 유머 그리고 함정에서의 여러 여론, 민심, 민원이 반영된 재미있고 수준 높은 오락과 유희 프로그램이 진행된다. 구성원의 단합과 결속을 다지는 행사다. 용왕으로부터 적도통행증을 발급받는 것으로 적도제는 끝나고 이어 장기 경연대회가 이어진다. 다소 지루한 항해에 새로운 활력을 불어넣는다. 적도를 건너는 경건함이 흥겨운 단합으로 이어지는 시간이다.

태평양을 건너며 월드컵 경기를 본 곳도 격납고였다. 11월 24일 새벽 2시, 한국과 우루과이와의 한판이다. 태평양 한가운데서 월드컵 경기를 볼 것이라고 누가 상상이나 할 수 있겠는가. 격납고에 모두 모여 한쪽 벽에 설치된 대형 스크린을 보며 하나 되는 응원의 함성과 박수를 보낸다. 함정에 부딪치는 파도 소리와 진동은 이때만큼은 응원의 함성에 밀려 있는지 없

적도제에서 받은 적도통과증

는지도 모른다. 손흥민의 공격도 좋고 김민재의 수비도 좋다. 전후반 끝나고 7분의 연장시간도 다 지났다. 0:0 무승부다. 모두 만족하는 모습이었다. 모두의 얼굴에는 16강을 기대하는 그리고 가능하다는 자신감이 역력하다. 지금 생각해도 꿈같은 시간이다.

사치가 낭만일 수는 없다. 한데 시간 사치만큼은 낭만의 범주에 넣어 두고 싶다. 안단테의 시간 미학을 만들어내고 싶은 로망이다.

함상에서의 《데카메론》

함상 후갑판과 격납고 연결 지점쯤에 간이 의자를 펴고 책을 읽는다. 멋진 그림이다. 항해하는 동안 하루의 루틴은 대체로 이렇게 책 읽기로 시작한다. 기항지에서는 여러 일정이 바삐 돌아가기 때문에 책 읽기와 같은 여유를 갖기는 어렵다. 항해할 때 후갑판은 대체로 오전이 한가한 편이다. 가끔 오전 시간에 군악대가 연주 연습을 한다. 기항지에서 있을 선상 리셉션의 공연을 준비하기 위한 연습 시간과 맞닿으면 다양한 장르의 수준 높은 공연 리허설을 흥겹게 즐길 수 있다.

물론 연습이라 호흡이 잘 안 맞을 때도 있고 잘 안 되는 부분은 반복적으로 연습하기 때문에 다소 지루한 점도 없지 않아 있다. 그러나 태평양 파도 소리와 물결을 배경으로 깔고 하는 군악대의 연주나 노래는 그 자체만으로도 기대하지 않은 선물이다. 책 읽을 때는 항상 신발과 양말을 벗고 일광욕하듯 햇살의 존재를 발가락 끝에서부터 고루 느낀다.

함정 도서실에서 14세기 이탈리아 르네상스 문학을 대표하는 작가 조반니 보카치오Giovanni Bocaccio의 《데카메론》을 빌렸다. 사실 이 책은 일반 교양도서 리스트에 종종 오르는 책이다. 최근 팬데믹의 상황에서 더 많이 회자되었다. 유럽 중세 때 페스트가 창궐하는 전염병 상황을 배경으로 등장한 책이기에 지금과 같은 코로나 팬데믹의 시대 상황과 겹치는 대목이 많기 때문이다. 병영문고에서 《데카메론》을 발견하고 놀랐지만 동시에 내심 무척 반가웠다.

이 책은 전염병을 피해 도시를 떠나 피렌체 근교의 별장에서 일곱 여성과 세 남성이 돌아가면서 풀어내는 이야기의 모음 형식을 취한다. 열 명이 하루에 하나씩 열 가지 이야기를 열흘 동안 했던 백 가지 이야기가 들어 있다. 제목의 '데카'는 10을 의미한다. 당시의 시대상을 파악하기에 딱 맞는 책이다. 풍자와 해학과 고민과 성찰이 두루 섞여 있다. 단테의 《신곡》에 빗대어 보카치오의 《데카메론》을 '인곡人曲'이라고 한다. 당시 시대에 생각할 수 있는 이야기 모음이자 구전으로 내려오는 민담집의 성격이 강하기에 친근감은 물론이고 읽기가 편해 고전 명저의 반열에서 빠지지 않는다.

나는 시간 사치에 걸맞게 아주 천천히 읽었다. 좋게 표현하여 음미하며 읽었다. 《데카메론》은 만담漫談 같은 이야기 백 가지가 있어 긴장감 내려놓고 느긋하게 읽기에 제격이다. 만담이란 본디 아주 천천히 읽어야 본래의 맛이 난다. 가끔은 킥킥거리며 웃기도 하고 말이다. 음악 악보로 치면 라르고largo에 가깝도록 아주 천천히 읽었다. 다양한 세상 민심이 복합적으로 투영된 작품이기에 넉넉하게 여유를 갖고 읽어 내려가는 것이 제격이다.

첫째 날에 진행된 이야기 몇 가지가 흥미를 끌기에 충분하다. 수도원의 수도사를 골려 먹는 일반인들의 기지에 웃음을 참을 수가 없었다. 동서를 막론하고 옛날이나 지금이나 거드름 피우는 권위에 대한 풍자는 민담의 단골 소재다. 첫째 날의 흥미가 열흘을 끌고 간다. 《데카메론》으로 며칠 오전 시간을 보냈다.

책을 읽고 있노라면 거의 예외 없이 하루도 빠지지 않고 누가 와서 무슨 책을 읽고 있냐고 반갑게 묻는다. 읽고 있는 책을 풀어 설명해 준다. 마치 내가 《데카메론》의 해설사가 된 것 같은 착각이 든다. 그동안 친해진 한 생도와 대화를 나누다 이미 《데카메론》을 읽었다는 이야기를 들었다. 내용도 소상하게 알고 있다. 그것도 고등학교 시절에 읽었다고 한다. 사관생도의 인문학적 근력에 깜짝 놀랐다. 생도의 독서력을 접하며 든든한 포만감마저 든다. 포만감은 선생으로서의 관성에 끌려 해양의 상상력에 대한 설명으로 이어진다. 이후 하선할 때까지 여러 생도가 멋진 말동무가 되었다.

그리고 2022년에 출간한 김훈의 단편소설 모음집 《저만치 혼자서》도 후갑판에서 인상적으로 읽었다. 단편일수록 읽고 나면 잔상이 오래간다. 짧은 글에 메시지가 분명하기 때문일 것이다. 수록된 여러 단편 중에 〈명태와 고래〉, 〈저녁 내기 장기〉가 특히 기억난다.

이 책의 압권은 맨 뒤에 있는 '군말'이라는 제목의 후기에 있다. 이렇게 시작한다. "소설책의 뒷자리에 이런 글을 써 붙이는 일은 객쩍다. 이 어수선한 글이 소설로 이루지 못한 부분을 분발할 수는 없을 테지만, 소설과 관련된 나의 마음의 환경을 이해받을 수 있기를 바란다. 나는 한 사람의 이웃으로 이 글을 썼다." 이해받을 수 있기를 바란다는 대목에서 잠시 숨이 멈춰진다. 여운이 오래간다. 본문의 소설을 놓아두고 후기를 압권으로 평가하는 것은 소설가에게 적절한 예의가 아니라는 것을 잘 알고 있지만 군말이 폐부를 찌르는 촌철살인寸鐵殺人과 같다.

단편소설 〈명태와 고래〉를 놓고 작가는 "고통과 절망을 말하기는 쉽고 희망을 설정하는 일은 늘 어렵다."고 고백한다. 단편소설 〈저녁 내기 장기〉에서 작가는 "대상에 바싹 들러붙어서 쓴 글이다. 형용사를 쓰지 않으려고 애썼던 기억이 난다. 바싹 붙는다고 좋은 것은 아니다. 바싹 붙고 나면 글을 데리고 물러서기가 어렵다. 나는 날마다 불완전 속에서 살고 있다."고 속내를 보인다. 군말이 군말이 아니다. 군말이 본말 중의 본말이다.

　바닷바람이 거셀 때는 파도가 함정에 세게 부딪치고 파도 보라가 잘게 흩날려 갑판 위에 올라온다. 후갑판 안쪽으로도 파도 보라가 들이친다. 책 읽는 동안 안경에 파도 보라가 달라붙는다. 입술 주위를 혀끝으로 돌려보면 짭조름한 청정 소금의 맛이다. 방으로 들어와서 안경에 달라붙은 바닷물 흔적을 폭신한 안경닦이로 말끔히 닦는다. 옷에 묻었을 바닷물은 그냥 짭조름하겠거니 하며 며칠 더 입는다. 태평양의 청정이라 생각하면서 말이다. 항해하는 동안 오전의 루틴은 대체로 후갑판에서 느긋한 책 읽기와 관심 갖고 찾아온 누군가와 담소를 나누는 것으로 이루어졌다.

별 가장 가까운 곳에서의 별

여행은 어떤 의미에서 이름을 찾아 나서는 일이다. 도시 이름, 동네 이름, 건물 이름, 도로 이름, 강 이름, 산 이름 …. 익숙한 이름도 있고 낯선 이름도 있다. 어찌 보면 여행은 발품을 팔아 이런 이름을 찾고 확인하는 시간인지도 모른다. 그런데 이번 항해는 이런 이름에 대한 기다림이나 기대감은 별반 없었다.

이번 항해에서 이름은 항구 4개밖에 없다. 시드니, 오클랜드, 수바, 하와이 진주만. 단출하다. 그 이름도 내가 묻고 걸어서 찾아가는 것이 아니라 그야말로 데려다 준다. 물론 오랜 항해로 인한 육지에 대한 기다림이나 기대감은 크지만 내가 발품을 팔아 찾아 나서는 것은 아니다. 그래서 항해에서는 무엇을 찾아야 하는지를 더 깊게 생각하는지도 모른다. 찾아보려는 것으로는 밤하늘을 빠뜨릴 수 없다.

함정에서의 밤은 좀 길다. 해가 붉게 물들며 수평선 아래로 내

려가면 그때부터 밤이다. 해가 저문 뒤에 갑판이나 외부로 나가
는 것은 특별한 임무가 아니면 극히 제한되어 있다. 밤의 바다
물결은 더 센 것 같다. 아마도 잘 보이지 않기 때문에 더 그렇게
느낄 수도 있을 것이다. 모든 게 익숙지 않은 나에게 안전의 문
제를 늘 상기시켜 준다. 상당히 빠른 속도로 질주하는 밤의 항해
에서 밖으로 나가는 것은 무척이나 조심스러운 일이다. 둥근 돔
모양의 밤하늘에 촘촘히 자리 잡은 별을 한눈에 오롯이 보는 것
은 생각만큼 그리 쉽지 않았다. 태평양 밤바다와 밤하늘의 아우
라를 접하고 싶은데 현실적으로 그리 간단하지 않았다.

　나의 호기심 가득한 욕망을 알아차렸는지 한 참모 장교가 밤
하늘을 보지 않겠냐고 제안한다. 함정에서 가장 높은 곳으로 올
라갔다. 맨 위에 위치한 세미나실이다. 세미나실은 함정을 총괄
하는 함교 위에 있다. 여긴 회의도 하고 때로는 혼자 바다를 조
망하려고 시간을 보내던 곳이다.
　세미나실의 옆문을 열고 바깥으로 나갔다. 칠흑같이 어둡다.
아무 것도 보이지 않는다. 한 발짝도 내딛기 어려울 만큼 캄캄하
다. 옆문을 나와서는 한참 동안 한발도 옮기지 않고 무언가 잡고
그냥 서 있었다. 무엇을 잡았는지 모르겠으나 철의 단단하고 차
가움이 그대로 느껴진다.
　시각이 닫혀 있는 만큼 촉각과 청각은 더 크게 열린다. 감각

총량 일정의 법칙을 말해주는 듯하다. 일단 밤바다의 한기가 느껴진다. 밤 기온은 낮의 기온과는 비교가 안 될 정도로 낮다. 적도 근처라 하더라도 밤의 기온은 차고 서늘하다. 그 뜨겁던 낮의 작열은 밤이 되면 완전히 식혀져 있다가 다음 날 다시 달궈진다. 파도 소리, 바람 소리, 함정의 발진 소리가 각기 다른 주파로 마치 실내 관현악단처럼 앙상블을 맞춘다. 앞이 보이지 않는 캄캄한 밤에 함정에 부딪치는 파도 소리는 굉음처럼 들릴 법한데 침묵으로 느껴진다. 소리는 있으나 침묵의 시간이다. 소리가 없어 침묵이 아니다. 모든 소리를 잠재우는 침묵이다.

10분에서 15분 정도 지나면 눈이 적응하여 잘 보일 것이라고 한다. 서서히 바깥 모습이 눈에 들어오기 시작한다. 어둠 속에서 동공이 조금씩 커지는 느낌을 분초 단위로 느낀다. 아무것도 안 보이기에 청각, 촉각, 후각은 무한대로 작동한다. 아주 조심스럽게 몇 발짝 앞으로 나가본다.

사방을 돌아보니 별로 가득한 돔 안의 정중앙에 내가 있다. 낮에 보았던 돔의 모습과는 완전히 다르다. 낮에 본 명확한 수평선은 깜깜함 밤에는 가늠하기 어렵다. 마침 우리 함정이 구름대帶를 지나면서 일부만 보였던 하늘의 광채가 점점 더 넓어지면서 찬란한 모습이 보인다. 감탄이 절로 나온다. 이 대목에서는 감탄이라는 단어로는 나의 들뜬 마음을 반의반도 표현하지 못한다.

별의 행진으로 하늘이 가득하다. 함정에서 올려다보는 것만으로도 신비롭다.

남반구 하늘에서 펼쳐지는 별 잔치라는 것이 이런 것이구나, 감탄을 연발하며 눈을 뗄 수 없다.

고개를 완전히 뒤로 젖혀 90도 위를 쳐다본다. 우현starboard, 좌현portside 모든 방향이 별 잔치다. 눈으로 확인이 가능한 남십자성, 마젤란 은하계가 하늘을 청아하게 채운다. 우리 함정이 앞으로 나가면서 펼쳐지는 별의 행렬인지라 별도 박자를 맞추며 같은 속도로 함께 움직인다. 태평양 함상 위에서 쳐다본 별이기에 더 오래 담아두려고 한다. 아마도 내가 별을 가장 가까이에서 본 몇 안 되는 사람이라고 생각하면서 말이다. 함정 전체의 지휘부인 함교보다 한 층 높은 곳에서 보았으니 말이다. 밤하늘을 한눈에 담아보려고 하였다. 별 가장 가까운 곳에서 태평양 항해의 깊은 면모를 품어본다.

매일 밤 이곳에서 오늘과 같은 밤하늘을 만나고 싶었지만 항해하는 동안 아쉽게도 단 한번으로 끝났다. 그래서 연모가 더 깊은가 보다.

하루 네 번의 식사

낭만을 얘기할 때 먹는 이야기를 빠뜨릴 수 없다. 빠뜨릴 수 없다는 것은 보편적 가치가 있다는 얘기다. 항해에서 인생의 보편적 가치를 그냥 지나칠 수는 없다. 함정에서는 하루 네 번의 식사를 한다. 7시, 11시 30분, 17시, 20시, 아침, 점심, 저녁, 간식이다.

함정을 타기 전에는 좁은 공간에서 활동량도 그리 많지 않을 텐데 여러 번의 식사를 한다는 사전 안내를 쉽게 이해할 수 없었다. 이렇게 자주 식사를 해야 할 정도로 에너지가 필요할까 궁금하였다. 대답을 찾는 데는 단 이틀이면 충분하였다. 출렁이는 파도 물결에서 균형과 중심을 잡는 일은 보통 어려운 것이 아니다. 적지 않은 에너지를 요구한다. 책상에 앉아 있을 때조차도 계속 좌우로 흔들리고 있는 만큼 무의식적으로 중심을 잡으려고 힘을 준다. 복도를 걸을 때는 옆에 부딪히지 않기 위해 더욱 중심을 잡으려고 힘을 더 들여야 한다.

출렁이는 물결 위에 의식적·무의식적으로 요청되는 에너지의 충당은 네 번 식사로도 모자랄 때가 있다. 간혹 매점에 들른다. 이때는 대부분 에너지 충당이 아니라 심심한 입을 달래는 군것질이다.

함정에서의 멋진 식사를 소재로 쓴 11월 14일 함상일기를 그대로 옮긴다. 이때는 뉴질랜드의 오클랜드항을 떠난 지 사흘째 되는 날이다. 남태평양의 중심지인 피지의 수바항을 향해 가는 길이다.

11월 14일(월) 함정에서 이런 멋진 정찬을!

아침 식사. 오늘은 숭늉에 총각김치다. 이외에도 평소와 같은 밥, 반찬, 찌개가 준비되어 있지만 숭늉이 확 당긴다. 뿌얀 쌀뜨물이 몰랑몰랑 밥알과 잘 섞여 있다. 배에서 숭늉으로 아침을 시작할 수 있을 것이라고 상상조차 할 수 없었다. 총각김치는 적절하게 익었다. 한입 꽉 무는 순간 '세상에 세상에' 하며 미식의 감탄이 절로 나온다. 아삭한 식감 그대로다. 어떻게 보관하였기에 한국을 떠난 지 두 달이 지났는데도 이런 신선도를 유지할 수 있는지 놀랍다.

점심 식사. 아침 식사 때와는 달리 장교들이 식사하는 워드룸(사관실)이 가득 찼다. 식사 때 앉는 자리가 모두 정해져 있다. 세로로

길게 벌려진 탁자에 전단장이 가운데 앉고 맞은편에 내가 과분하게도 독대하는 정면자리에 있다. 단장 오른쪽에 함장, 왼쪽에 안보대장, 훈련대장의 순으로 좌석이 배정되어 있다. 나의 오른쪽에는 인사참모, 왼쪽에는 참모장. 그리고 옆으로 영관급 장교가 앉고, 별도의 둥그런 테이블에 위관급 장교와 원사들이 배석한다. 오늘 점심 메뉴는 불고기 쌈밥이라고 표현하는 것이 정확하다. 밥, 국, 반찬은 물론이고 약간 산도가 높은 쉽게 얘기해서 신김치가 마치 김장김치처럼 입맛을 돋게 한다. 쌈 재료는 로메인이다. 지난번 기항지인 오클랜드에서 구입하였다고 한다. 로메인에 밥 올리고 소고기 올리고 쌈 된장 가미하고 크게 싸서 한입에 꽉 채우니 이 역시 '세상에 세상에 이렇게 맛있을 수 있다니' 하고 속으로 연발한다.

저녁 식사. 늦은 오후 5시쯤 되면 허기가 몰려오는 때라 저녁 식사가 기다려진다. 그렇다고 시장이 반찬은 결코 아니다. 음식 자체가 맛있다. 오늘 메뉴는 순댓국이다. 이게 가능하단 말인가. 함정에서 순댓국이라니. 순대는 취사병들이 직접 만들었다고 한다. 순대와 돼지고기가 듬뿍 대접에 담겨 있고 걸쭉한 국물을 국자로 넣으니 순댓국 돼지국밥 그대로다. 매콤한 다진 양념이 어김없이 준비되어 있고 싱싱하고 큼직한 고추도 옆에 곁들여 놓았다. 고추장에 꾹 찍은 고추가 순대국밥의 약간 느끼한 맛을 잡아 준다.

야식. 오늘의 야식은 문자 그대로 끝판왕이다. 함정이 계속 움직이고 흔들리기 때문에 가만있어도 몸이 움직여서 에너지가 많이 소모된다. 그래서 저녁 먹은 지 3시간밖에 안 되었지만 야식을 먹는다. 야식은 군고구마, 찐 옥수수, 라면 등 메뉴도 다양하다. 은근히 기다려진다. 궁금증을 이기지 못해 가끔은 야식이 무엇이냐고 묻기도 한다. 오늘 야식 메뉴는 소바다. 장교 몇과 함께 함장실에서 먹기로 하였다. 시각적 효과가 엄청난 야식 테이블이 준비되어 있다. 무와 오이, 파가 적절하게 배합되어 고명으로 올라와 있다. 젓가락으로 한 번 휘저어 한입 물었다. 면발이 포동포동 통통 튄다. 겨자 살짝 뿌리고 신김치 하나 입에 넣으니, 자연스런 감탄을 감출 수 없다. 약간 과장해서 표현하면 서울 광화문 어느 유명한 소바 전문 식당에 결코 뒤지지 않는다. 저녁을 많이 먹어 배가 고픈 상태가 전혀 아니었는데 눈깔사탕을 홀랑 먹듯이 한 그릇 순식간에 다 비웠다. 포만감이 그득하다. 이어서 차에 대한 함장의 내공이 나온다. 철관음차에 뉴질랜드에서 구입했다고 하는 꿀을 살포시 풀어 나오는 연하고 은은한 부드러운 차로 소바의 뒷맛을 깔끔하게 완성한다.

　함정에서 이렇게 멋진 식사를!

　사실 이런 식사를 만드는 데는 조리 담당 부사관과 취사 담당 병사들의 노고가 엄청나다. 이들에게 고마운 마음이다. 아침 7시 아침 식사를 장만하기 위해 이들은 5시 30분부터 준비한다. 350명이 함께 먹어야 하는 양을 조리한다는 것은 결코 간단한 일이 아니다. 더욱이 함정에서는 불을 사용할 수 없다. 불

을 사용하지 않고 대량의 음식을 장만하는 것이 결코 쉬운 일
이 아니건만 전기로 열을 만들어 요리한다. 요리해 본 사람들
은 그것이 얼마나 어려운 일인지 알고 있다. 센 불에 확 구운
것이 아닌 전기 오븐에 쪄내는 방식으로 요리한 스테이크가 그
유명한 함대 스테이크다. 화끈하고 혀에 탁 달라붙는 스테이크
가 아니다. 혀를 감싸는 스테이크다. 첫맛은 약하나 끝 맛은 강
하고 오래간다.

　어디서나 중심을 잡는 것이 중요하다. 하루 네 번의 식사는
계속 흔들리는 함정에서 신체 물리적인 중심을 잡기 위한 필수
다. 무슨 일이든 뱃심으로 한다는 얘기가 맥락은 다르지만 항해
중에 자꾸만 떠오른다. 든든한 뱃심이 어디에서나 중심의 근간
이다.

아주 낯선 땅멀미

항해의 낭만은 파도와 함께한다. 파도 없는 항해는 아마도 무미
건조할 것이다. 파도는 바람에 의해 이는 물결이다. 우리 함정과
마주치는 파도 물결은 어느 육지에 닿을 때까지 수천 킬로미터
를 여행하는 여정에서 잠시 스치듯이 만나는 것뿐이다. 파도를
만드는 에너지원에 따라 높낮이와 위력이 천차만별하다. 순풍
에 돛단 듯 잔잔하면 잔잔한 대로 갑판 위로 파도가 넘칠 정도로
거칠면 거친 대로 높낮이는 다르지만 파도 없는 항해를 상상할
수 없다.

　파도는 항해의 상수이자 변수다. 늘 있지만 늘 일정하지 않다.
파도 물결은 단 1초도 가만히 있는 적이 없다. 항해의 낭만도 그
만큼 독특하다. 낭만의 목록에 멀미를 빠뜨릴 수 없다. 함정에
타기 전에 이미 마음 굳건히 먹었지만 아무리 강하게 마음먹어
도 소용없는 것이 멀미임을 아는 데도 며칠이 걸리지 않았다.

멀미는 파도와 비례한다. 나의 경우는 대략 4미터 높이의 파도가 마지노선이다. 3미터를 넘어 4미터쯤 되니 어김없이 뱃멀미가 시작되고 멀미약에 의존한다. 파도 높이도 문제지만 좌우로 흔들리는 롤링과 앞뒤로 널뛰는 것 같은 피칭의 정도에 따라 멀미의 강도는 확 달라진다. 멀미의 근본적인 해법은 육지에 내려 땅을 밟는 것이다.

어느 정도 배의 흔들림에 익숙해지면 멀미는 잦아든다. 좀 익숙해졌다고 하더라도 나의 기준으로 파도의 높이가 4미터정도되면 그동안의 익숙함도 소용이 없다. 익숙해졌다고 하는 것 자체가 오만이다. 멀미는 어김없이 나타난다. 속정 깊은 생도가 자신의 멀미에 대비하기 위해 특별히 준비했다는 멀미약을 건네준다. 멀미할 때만큼 육지가 그리울 때도 없을 것이다.

여러 날 항해를 하며 흔들림에 좀 익숙해지면 기다리던 육지가 조금은 낯설게 다가오기도 한다. 마음으로야 육지가 더 편하게 다가오지만 종종 몸은 새로운 것에 적응하는 과정에서 또 다른 흔들림을 느낀다. 관성이고 경로의존이다. 항구에 기항하고 육지에 오르면 마치 육지가 흔들리는 것처럼 느껴진다. 바다 위에 있는 것처럼 흔들린다. 땅멀미다. 아주 낯설다. 땅에서 멀미라니 이건 뭐지 하겠지만, 배에서 내리면 마치 땅이 흔들리는 것 같은 아주 낯선 경험을 한다. 개념상으로만 존재하던 땅멀미를 직접 체험한다. 바다 파도의 흔들림에 익숙해진 상황에서 찾아오는 아주 색다른 경험이다. 흔들림에 익숙해진 신체 감각이 정지 상태에서 적응하지 못하는 것이다. 배에서 중심을 잡으려는 동적인 평형감각이 육지에서 정적으로 바뀌면서 평형감각을 잃게 되는 현상이다. 마치 육지가 일렁이는 것 같은 착각이 드는 현상이다.

그런데 사실 땅멀미는 바다에서 육지로 왔을 때에만 느끼는 것은 아니다. 오랜 시간 경사가 심한 산악지대를 오르내리면서 지낸 사람이 평지에 내려오면 발을 헛디디다 못해 멀미까지 앓게 된다는 것이다. 땅멀미는 빨치산 출신 작가 이태의 소설 〈남부군〉에 나온다. 지리산에서 쫓겨 다니던 빨치산들이 토벌대에 잡혀 평지에 내려온 이후 공통적으로 앓는 병이 있다는 것이다. 땅멀미라고 한다. 겪어 보지 못한 처절한 체험담이 와닿지 않을 수도 있지만, 소설의 서술을 읽다보면 설득이 된다.

땅멀미를 경험하며 경험의 상대성 존재를 다시 생각한다. 바다에서 뱃멀미를 심하게 하면 할수록, 배에서 중심을 잡으려고 온몸에 힘을 주면 줄수록 비례하여 땅멀미도 크게 느껴진다. 익숙함의 기준점이 어디에 있느냐에 따라 익숙함의 정도가 얼마나 크냐에 따라 세상을 보는 시각과 세상에 대한 평가도 달라진다는 만고불변의 원리를 멀미에서 배운다. 한번 몸으로 깊게 체득한 것은 오래간다. 무의식적으로 은연중에 나타난다. 그래서 머리로 배운 것보다 몸으로 터득한 것이 더 오래가고 더 강하다고 하는 것이 아닌가 한다. 땅멀미는 바다와 육지의 체험적 연결이다. 땅멀미를 체험하며 항해나 기항이나 본질은 같음을 어렴풋 알게 된다. 나는 땅멀미를 몸이 육지에서도 바다의 여운을 오래 간직하고 싶은 속정이라 보기로 하였다.

바다의 용사

5장

사람 사치

사람 사치奢侈란 표현은 어법상으로 좀 이상하다. 사전에도 없는 복합 단어이다. 사치란 어의적으로 필요 이상의 분수에 지나친 것으로 대체로 부정적 의미를 담고 있다. 여기에 사람을 붙이는 것이 맞는 것인지 주저하였지만 사람 사치만큼은 다른 범주에 두기로 하였다. 까닭은 바다의 용사들과 함께 한 달 동안 항해하면서 사람의 향기가 만리를 간다는 인향만리人香萬里가 무엇인지 알게 되었기 때문이다.

　사치 중에 가장 탐나는 사치는 사람 사치가 아닌가 한다. 사람 사이에서 꿈꿀 수 있는 최고의 로망이 아닌가 싶다. 한 달 동안의 항해는 사람 사치를 누렸던 시간이다. 그 연유를 복기해본다. 이들에게 무엇이 있기에 그렇게 느낄 수 있었는지 말이다.

　처음에 이들과 나는 마치 화성인과 금성인의 만남만큼이나 어색하였다. 사실 순항훈련에 편승하여 항해를 하겠다고 마음을 먹었지만 내심 걱정은 이만저만이 아니었다. 나는 함정 안에서 제복을 입지 않은 유일한 민간인이었고 공통점이라고는 단하나도 찾기 어려웠다. 비슷한 것이라고는 요즘 유행어로 1도 없었다.

민간인으로 순항훈련에 편승하면서 가졌던 걱정거리는 하나둘이 아니었다. 있는 그대로 표현하면 버틸 수 있을지의 걱정이었다. 정신적으로 체력적으로 사회관계적으로 말이다. 그중 하나를 들자면 '새로운 루틴을 어떻게 만들 것인가'였다. 전혀 경험해 보지 않은 것과 곳이다. 함정이라는 제한된 공간에서의 자유로운 일정은 하루를 어떻게 지낼 것인가의 루틴을 요구했다.

이보다 더 큰 걱정은 해군과 어떻게 일상적인 사회관계를 갖느냐이다. 경험과 배경에서 너무나 다른 만큼 존재할 수밖에 없는 관계의 거리를 어떻게 좁히느냐의 과제였다. 그리고는 한 달이라는 긴 항해 일정이라 멀미를 비롯하여 육체적으로 버틸 수 있는지도 걱정이었다. 먼 뱃길을 떠난다는 것은 마음속 각오만으로 되는 것은 결코 아니었다.

결론부터 얘기하면 승선하기 전에 가졌던 여러 팽팽한 긴장은 모두 기우杞憂였다. 승조원들은 새로운 루틴을 찾아야 하는 나에게, 새로운 관계를 맺어야 하는 나에게, 새로운 생활에 적응해야 하는 나에게 기꺼이 함께하는 시간을 내어 주고 배려해 주었다. 이들은 낯선 이방인을 동료 이상의 마음으로 챙겨 주고 환대하였다. 함정은 굉장히 비좁은 공간이었지만 동시에 아주 넉넉한 공간이었다. 물리적 공간은 협소 그 자체였지만 이들과 나누는 사회적 공간, 사회적 거리는 넉넉함과 푸근함 그 자체였다.

해군 장교에 대한 강렬한 이미지는 아주 오래전에 본 그러나 여전히 기억이 생생한 영화 한 편에서 비롯한다. 〈사관과 신사〉다. 해군 초년 장교 역을 맡은 리처드 기어의 풋풋한 연기가 물씬 묻어났던 영화다. 영화 제목이 모든 것을 말해 준다. 영화의 맥락과는 많이 다르지만 한산도함에서 신사들의 배려를 받으며 한 달을 풍요롭게 지냈다.

신사의 품격은 사관실Wardroom, 워드룸에서 출발한다. 사관실은 장교의 회의, 식사 및 휴식 장소다. 단일 공간으로서는 가장 많은 시간을 같이 보내는 곳이다. 사관실은 영국 해군에서 유래되었다고 한다. 과거 영국 해군 함정의 장교 침실 부근에 양복장 Wardrobe이라는 공용격실이 있어 장교들이 유니폼을 보관할 때 사용했는데, 훗날 이 양복장이라는 단어가 Wardroom으로 변형되었다고 한다.[8] 이곳에서 사람들은 예의를 강조하고 신사로서의 예법을 준수한다. 공간도 늘 깔끔이 정돈되어 있다. 정복을 입고 회의라도 하는 날에는 품격이 바다 물결치듯 넘실거린다.

옆에 있는 것만으로도 가슴이 콩닥거린다. 마찬가지로 식사 장소를 가리키는 프랑스어인 레스토랑은 몸과 마음을 쉬고 다시 충전 정돈하는 곳이다. 이런 의미에서 워드룸과 레스토랑은 서로 맞닿아 있다.

사관실은 나를 바다의 이야기로 흠뻑 젖게 해 준다. 항해에 관한 궁금증은 7시에 시작하는 아침 식사 시간부터 풀어진다. 답해주는 군인들은 나의 엉뚱한 호기심과 당돌한 질문에도 당황스러운 기색이 없다. 그래서 하루 4번 식사 시간에 만나는 사관실이 기다려진다. 함정 안에 있으면 늘 밖의 풍광이 궁금하다. 함정 안에서 유일하게 밖의 바다 풍광을 볼 수 있는 곳이 사관실이다. 동그란 모양의 작은 유리창은 안과 밖을 연결해주는 통로인 셈이다. 사관실 안에는 우리 함정이 어디쯤 있고 어디를 향하는지를 보여주는 항로도 화면이 있다. 좌표를 알려 준다. 위도와 경도의 교차점을 확인시켜준다. 주변 해역은 물론이고 진행 항로의 기상도가 선명하게 나타난다. 바람이 어느 정도의 속도로 어느 방향으로 부는지 우리 함정은 어떤 지점에 있는지 한눈에 확인 가능하다. 생소한 항법의 독해에 관한 질문은 장교의 설명으로 바로 풀린다.

장교들에게는 또 다른 눈, 일명 바다 사람의 눈Seaman's Eye을 가지라고 끊임없이 요청한다. 이것은 바다에서 일어나는 다양한 상황에 대처하는 숙달된 능력을 의미한다.[9] 해상에서의 함

사관실(워드룸) 유리창을 통해 본 함정 밖 풍경

정 운영능력을 뜻한다. 해군 장교들이 갖추어야 할 궁극적인 목표이기도 하다. 군함은 한 국가의 운영과 흡사하다. 함장이 그 가운데 있으며 Seaman's Eye가 국가 운영의 안목인 셈이다. 함정은 국가 운영의 축소판이라 할 만하다. 이들은 이곳에서 국가 운영에 준하는 안목과 경험을 쌓아 간다.

사람 사치에는 어떤 사람과의 만남인지도 중요하지만 사치의 내용도 중요하다. 장교들과 고담준론高談峻論을 나누는 시간은 바짝 긴장을 하게 만든다. 그들이 보여주는 학습의 양과 깊이, 국제적 소양은 나의 예상을 훨씬 넘어선다. 공부의 공력이 대단하다. 이들은 혼신의 힘을 다해 나라를 지키는 바다의 용사이지만 동시에 이들은 지식분자다.

한번은 워드룸에서 일본이 개화기를 거치며 해양국가로 전환하는 격동의 역사를 이야기할 기회가 있었다. 중간에 잠시 기다려 달라고 하더니만 일본의 난학蘭學 계보도를 건네주었다. 네덜란드와의 관계 속에서 근대국가로의 토대를 갖춘 일본의 초기 근대 개화기 역사가 인물 중심으로 명쾌하게 그려져 있었다. 자신이 직접 작성하였다고 한다. 마침 그날 화제의 주인공이었던 일본 개화기의 풍운아인 사카모토 료마의 시대사적 위치를 한눈에 확인시켜주는 도표다. 어떻게 이런 계보도를 만들 수 있었을까, 놀라움을 금할 수 없었다.

또 한번은 전쟁에 관한 논의에서 합동참모본부에서 발간하는 〈합동포럼〉에 게재된 자신의 논문을 보여주며 전쟁을 4가지 수준에서 독해할 필요가 있다고 설명했다. 전술적 수준, 작전적 수준, 전략적 수준, 정치적 수준으로 세분하여 독해해야 한다는 것이다.

이것뿐이 아니다. 선물의 정치학, 작은 국가가 큰 국가를 이기는 방법 등 토론의 소재는 늘 나의 기대를 넘어설 만큼 풍부하다. 이 정도의 논리와 교양이라면 누구라도 설득할 수 있겠다 싶다는 생각이 든다. 이들은 자극적인 말보다 바다를 품어내는 적극적인 말로 설득하는 방법을 알고 있는 듯하다.

내가 만난 장교들은 끊임없이 리더의 자질을 고민했다. 우연한 기회에 접하게 된 함장의 일지 일부를 소개한다.

극한의 상황에서 나오는 것이 그 사람의 진정한 리더십이다. 실력과 자질이다. 긴박한 상황에서 조급함이 나올 것인가 느긋한 여유와 차분함이 나올 것인가는 오로지 리더 당사자의 선택이다. 함교에서 짓는 표정 하나 몸짓 하나를 승조원들은 여실히 보고 있다. 긴박한 상황에서 부하들은 지휘관을 바라본다. 부하의 시선은 정확하고 예민하고 냉철하다.

리더가 갖춰야 할 소양을 이보다 성찰적으로 풀어낸 것이 있을까 싶다. 마지막 줄이 압권이다. "부하의 시선은 정확하고 예민하고 냉철하다." 사회의 모든 리더들이 이런 생각을 가지면 좋겠다.

연륜年輪은 우리가 비교적 기꺼이 따르는 협약이다. 여기에는 누구도 거부할 수 없는 권위와 문제를 풀어내는 경험과 지혜가 있기 때문이다. 여러 해 동안의 노력과 경험으로 이룩된 숙련을 바탕으로 한다. 함정에서 내가 만난 부사관의 다른 이름은 연륜이다. 연륜을 갖춘 부사관을 한 달 동안 여럿 만났다. 이들의 전문성과 책임성에서 나오는 아우라가 보통이 아니다. 군악대장, 주방장, 기관사…… . 기항지에 도착하면 많은 것을 눈에 담으려고 한다.

해군 부사관들에게 붙여진 칭호도 여럿 있다. 오늘의 해군을 있게 한 슈퍼맨, 군함을 떠받치는 기둥, 해군의 중추, 무엇이든 고칠 수 있는 맥가이버. 이들은 최고의 해군 전문가다. 해군 부사관은 흔히 '기술부사관'이라 불린다. 까닭은 장비의 관리부터 기계 운용을 위한 정비 전반에 걸친 기술을 완비하고 있기 때문이다. 보통 장비에 대한 관리운용자와 정비사로 구분하는 육군이나 공군과는 다르다.

까닭은 함정은 항구를 떠나 해상에서 작전임무를 수행해야 하며 이 기간에는 자체적으로 장비를 정비해야 하기 때문이다. 자신이 운용하는 장비에 대한 완벽한 정비능력까지 갖추어야 한다. 내 장비는 내가 책임진다. 연륜이 만들어내는 탄탄한 자부심이 있기에 함정에서 부사관의 역할 비중은 절대적이다.

태평양 항해를 하며 누린 '사람 사치'는 명문가의 품격과 흡사하다. 품격이란 그냥 불쑥 나오는 것이 아니다. 해군의 창설 역사로 거슬러 올라가 본다. 해방을 맞이하고 1주일도 채 되지 않은 1945년 8월 21일, 서울의 거리에 "조국의 광복에 즈음하여 앞으로 이 나라 해양과 국토를 지킬 뜻있는 동지를 구한다"는 벽보가 붙는다. 작은 씨앗 하나가 뿌려진 순간이다. 조국 바다에 대한 애착과 부국강병을 향한 뜨거운 열정 하나로 모인 청년들이 붙인 것이다. 벽보를 내건 지 얼마 되지 않아 뜻에 동참하는 청년 200여 명이 모였다.

초대 해군 참모총장을 지낸 손원일 제독을 중심으로 1945년 11월 11일 오전 11시, 서울 지금의 안국역에서 그리 멀지 않은 관훈동 표훈전이라는 곳에서 해안 경비를 담당할 해방병단海防兵團을 창설하고 결단식을 거행하였다. 구한말 1894년 7월 15일 조선 수군이 폐지된 지 61년 만에 해군이 탄생한 것이다.[10]

1946년에 창설된 육군, 1948년에 창설된 공군보다 앞서 조직되었다. 해군의 자부심은 정부가 형성되기 훨씬 전에 나라를 제대로 만들겠다는 일념 하나로 모였다는 것에서 비롯한다. 모든 군이 역사와 책무를 바탕으로 자부심을 가지고 있지만, 창군의 역사에서 볼 수 있듯 해군의 정체성을 구축하는 자부심은 특별하다.

정확히 한 달의 시간을 함께 보내며 진주만에 정박한 한산도함에서 하선하며 바다를 품고 바다가 품어 준 용사들에게 감사의 마음을 어떻게 표할지를 생각한다. 동서양의 현인들은 나무가 스승이라는 말을 많이 한다. 후갑판에 나무를 심는 비현실적인 공상을 한다. 해군의 곧은 정신을 생각하며 금강송을, 항상 밝은 웃음으로 대해주는 모습에 걸맞은 배롱나무를, 연구하는 선비를 그려보며 학자수學者樹로 칭해지며 영어 이름도 같은 뜻을 지닌 회화나무scholar tree를, 살아 천년 죽어 천년을 상징하는 주목을, 잎도 없는 마른 가지로 엄동설한을 넘기며 가장 일찍 꽃 피우는 매화나무를, 바다의 진하고 연한 색을 은은하게 내비치는 블루엔젤을 심는다. 해군이 지닌 성정과 품고 있는 꿈을 나무로 담아내고 싶다.

복福 중에 최고의 복은 인연因緣 복이다. 사람 사치는 최고 수준의 인연 복의 다른 이름이다. 짧은 기간 동안 녹록지 않은 공간에서 한꺼번에 좋은 사람을 이렇게 많이 만났으니 이건 사람 사치임이 분명하다. 사람 사치란 머물게 하고, 좋아하게 하고, 따르게 하고, 감동케 한다. 바다 예찬과 흡사하다. 해군에서 오래 근무한 사람 중에 나쁜 사람이 없다고 하는 이유를 알겠다.

휴머니스트

'1야드 프라이버시one yard privacy'라는 것이 있다. 프라이버시를 위한 최소한의 공간이다. 함정에서의 사적 공간이 이것이다. 함정의 복도는 두 사람이 어깨 펴고는 지나칠 수 없는 폭이다. 미국의 인류학자 에드워드 홀은 대인 관계 거리를 4단계로 구분하며, 그중에서 사적인 거리personal distance, 즉 친구와 같은 익숙한 사람 또는 친지 관계를 가질 때 유지하는 거리로 45센티미터~1.2미터 사이라 밝힌 바 있다. 바다의 용사들의 생활은 사적인 거리에서 진행되는 셈이다.

함정에서의 모든 공간은 1야드 프라이버시다. 바다의 용사들의 생활은 1야드 프라이버시 철학을 담고 있다. 책임, 배려, 겸손을 생활화하지 않으면 구현하기 어려운 철학이다.

이들은 깊이를 아는 사람들이다. 이들은 지구상에서 수심이 가장 깊은 태평양 마리아나 해구海丘의 꼭대기에서 깊이가 가진 엄숙함을 이해한 자들이다. 이들은 모든 것을 삼킬 수 있고 모든 것을 삼킨 그 숭고한 깊이를 매 순간 마주하는 삶이기에 깊게 보아야 알게 되는 깊이가 있다. 보는 것은 하늘과 바다뿐이다. 하늘과 바다밖에 없는 곳에서 되돌아보는 것은 자신이다. 끊임없이 자신을 성찰한다. 이들은 줄곧 바다를 보고, 바다를 자신의 의식과 무의식의 잣대로 삼고 있다. 늘 자신을 돌아보고 성찰한다. 유가에서 얘기하는 홀로 깨어 있다는 의미의 독성獨醒을 지니고 있다. 당연히 외롭고 고독하다.

이들은 가슴 한구석에 그리움이 옹이처럼 박혀 있는 사람들이다. 사랑하는 가족과 연인을 보고 있어도 그리운 사람들이다. 떠나는 것이 직업인 아빠이자 엄마이며 남편이자 아내다. 돌아오는 것이 목표인 바다를 향해 떠나는 이들이다. 훌쩍 커버린 아이들과 변해버린 강산이 주는 낯섦에 익숙한 사람들이다. 하지만 눈처럼 쌓인 그리움 밑에 빼꼼 올라온 봄동의 감동을 진실로 아는 자들이다. 떠나야만 비로소 알게 되는 삶의 평범한 수수께끼를 출항과 귀항이란 열쇠로 풀어가는 속정 깊은 그리운 사람들이다.

이들은 자연의 질서에 순응하는 사람들이다. 자연에 거스르지 않고 살아가는 예법을 터득하는 사람들이다. 해군은 항해하며 바다를 정복했다거나 파도를 헤쳐 나가는 데 자신 있다고 허풍을 떨지도 않고 자랑하지도 않는다. 자신의 삶이 바다와 함께 하고 있다는 것을 잘 알고 있기 때문이다. 항구를 떠나는 순간 함정은 바다와 하나가 되어야 한다는 것을 너무나 잘 알고 있다. 바다와 하나가 되어야 한다는 것은 자연과의 교감이며, 단 한 번, 단 하나의 과욕이나 과용 혹은 과장도 금물임을 잘 알고 있다.

이들은 끊임없이 자신들에게 묻는다. 나의 앵커는 어디에 두어야 하는지, 그리고 동료들에게 묻는다. 너의 앵커는 어디에 두고 있는가. 너의 중심을 잡아 주고 고정해 주는 것은 무엇인가라는 질문이다. 배는 종종 갈고리처럼 생긴 날개 모양인 앵커로 묘사된다. 앵커가 배의 상징인 셈이다. 배를 고정해주는 것이 앵커 anchor다. 앵커는 선박을 고정하기 위해 체인에 연결하여 해저에 가라앉히는 무거운 물체다. 앵커는 바다 밑바닥에 단단하게 자리를 잡아 배가 표류하지 않도록 중심을 잡아주는 역할을 한다. 나의 앵커를 어디에 두고 있는가의 스스로에 대한 질문은 중심을 어디에 두고 있느냐의 다른 표현이다. 앵커는 흔들리지 않는 본질에 심어야 한다. 바다의 용사들은 앵커를 내리고 올리며 중심을 붙들고 있어야 한다는 본질에 충실하다.

"허위를 버리자." 해군사관학교 교훈의 하나다.[11] 뼈를 때리는 교훈이다. 세상에 어느 학교 교훈이 이렇게 불편한 언어를 사용하고 있을까. 불편하게 느끼는 것은 정곡을 찌르기 때문이다. 쉽게 들어볼 수 있는 교훈이 결코 아니다. 바다에서는 어떤 허위의식도 가져서는 안 된다. 허용하지 않는다. 바다에서 과욕, 과장, 과대는 금물이다. 바다에 있어 보면 왜 '허위를 버리자'가 해군사관학교 교훈인지 알게 된다. 솔직함이 함대의 생명이다. 이게 어디 함대만의 생명이겠냐마는 함대에서는 절대적으로 필요하다. 자연과 인간에 대한 단 하나의 허위도 용납되지 않는다는 것을 말이다.

명예 해군대령인 이국종 국군대전병원장은 얼마 전 한 신문과의 인터뷰에서 "함정에선 기관, 사격, 조타 등 각 전문 분야에 따라 병사라도 지휘관에게 직언할 수 있고, 그래야 배가 침몰하지 않고 살아남을 수 있다"며 "해군에서 오래 근무한 사람 중엔 나쁜 사람이 없다"고 하였다.[12] 아울러 해군의 경청하는 문화를 배울 점으로 꼽았다. 이런 사람들과 함께 항해를 하였으니 사람 사치를 누렸다고 하는 것이 결코 과장된 표현이거나 허언이 아니다.

모든 것을 종합해 본다. 이들은 휴머니스트humanist다. 인본적 질서가 몸에 배어 있다. 인본적 질서의 핵심은 자연에 순응하고 자연에 거스르지 않고 살아가는 예법을 터득하는 것이다. 사람에 대한 존중, 자연에 대한 순응이 핵심이다. 사람에게 따뜻한 마음을 품고 있다는 표현이다. 휴머니스트 앞에 붙는 가장 적합한 형용사는 '가슴 따뜻한'일 것이다. 휴머니스트의 핵심은 서로에 대한 존중이다. 서로에 대한 존중은 '함께'를 근간으로 배려하고 공감하고 연대하는 것이다. 주어진 관계 속에서 자신의 위치와 역할에 대해 깊은 성찰을 한다. 해군은 함께 사는 지혜를 알고 있다. 휴머니스트라 칭해도 결코 지나치지 않다.

해군의 하얀색 정복은 휴머니스트로서의 면모를 완벽하게 보여 준다. 하얀색은 절제미의 다른 표현이다. 밝고 선명하다. 고급스럽고 우아하다. 동시에 강함과 고결을 의미한다. 하얀색은 다른 어떤 색과 조합해도 가장 잘 어울리는 색상이다. 하얀색은 모든 색의 배경으로 으뜸이고 함께 나란히 있어도 다른 색을 더 살려 준다. 옆의 사람을 더 치켜세워 준다. 빛을 빛나게 해주는 발광체illuminator이다. 휴머니스트란 이런 것이다.

협업의 달인

바다의 용사들은 나의 운명은 너의 손에 너의 운명은 나의 손에 달려 있음을 잘 알고 있다. 시시각각 박자를 맞춰 돌아가는 시계 톱니처럼 함정에서 모두는 모두를 살아 있게 하는 운명공동체다. 매순간 항진航進해야 살 수 있는 차가운 철 구조물에 용암처럼 뜨거운 온기를 불어넣는다. 하나의 톱니라도 어긋나면 냉정하게 멈춰버린다는 원리를 잘 알고 있다. 함정은 정교한 오케스트라처럼 모두가 리듬감 있는 조화를 이뤄낼 때 비로소 파도를 박차고 달리는 청토마들이다. 긴박한 전투 속에서 웅대한 자연 앞에서 극적인 그 순간마다 서로의 운명을 책임지고 있다는 생각을 놓지 않는다.

우리는 한배를 탔다. '원팀One Team'이 무엇인지 굳이 설명하지 않아도 안다. 한배를 탔음이 무엇을 뜻하는지 망망대해를 내달리는 절절한 체험으로 터득한다. 함정에 있어 보면 혼자 빛나는 것은 하나도 없다. 같이 빛난다. '한배를 탔다'라는 말이 단순한 구호가 아니다. 삶이다. 바다에 나가면 모든 것을 자체적으로 해결해야 한다. 바다에서는 결코 혼자 존재할 수 없다. 함께하는 협업이 필수다. 이들은 한 치의 어긋남이 없는 협업이 몸에 배어 있는 사람들이다. 더불어 사는 지혜를 일상으로 체득한 사람들이다. 일상에서 체득한 것은 이념으로 체득한 것보다 훨씬 오래가고 강건하다.

피지에서 하와이로 이동하는 중간에 한산도함과 대청함이 협업하는 광경을 참관할 기회가 있었다. 지원함인 대청함에서 우리 한산도함으로 주유注油하는 전 과정을 보았다. 이날 나의 선상일기에는 이렇게 기록되어 있다. 그대로 옮긴다.

11월 21일(월) 두 거함의 한 시간 동안의 대화!

멀리 있던 대청함이 우리 함정 쪽으로 다가 온다. 방송에서 가까워지는 거리를 계속 알려 준다. 500미터, 400미터, 300미터, 200미터 … 평행선처럼 두 함정이 줄을 맞춘다. 100미터 간격을 두고 정확하게. 양쪽 함정의 승조원들이 각자의 위치에서 본격적인 주유를 위해 기다린다. 두 거함이 정확하게 같은 방향으로 나란히 거센 바다 물결을 헤치며 나간다. 100미터의 일정한 간격을 유지하며 13노트의 일정한 속도에 맞춰 평행선처럼 곧바르게 내달린다. 지원함인 대청함에서 한산도함으로 기름을 공급하기 위한 준비가 마무리

되었다.

본격적인 주유 작업을 시작했다. 일정한 거리를 유지하며 항해 속도가 맞춰지면 먼저 지원함인 대청함에서 이쪽으로 활을 쏜다. 연결의 출발선을 만들기 위해서이다. 화살에 긴 줄이 따라온다. 화살에 달려온 줄을 바탕으로 몇 가닥의 연결된 줄을 만든다. 하나의 줄이 세 개의 줄로 이어진다. 그 줄을 타고 송유관이 우람한 모습으로 천천히 우리 함정으로 건너온다. 우리 쪽 송유관 입구에 빈틈 하나 없이 꽉 끼운다. 함교 옆 바깥 좌현 쪽에 함장을 비롯한 지휘부가 모든 활동을 지시한다. 계속 두 함정 사이의 거리를 얘기한다. 속도도 알려 준다. 거리 측정은 몇 초 간격으로 이루어진다. 계속 간격을 마이크로 크게 얘기한다. 혹시라도 엄청난 동력으로 가는 육중한 함정이 접촉이라도 하면 심한 손상이 일어날 수 있기 때문일 것이다. 기름을 보내는 곳이나 받는 곳이나 만반의 준비를 해놓고 있다. 의무팀도 대기하고 있고 화재방지팀도 대기하고 있다. 만일의 상황을 대비하기 위한 것이다.

큼직한 선물 박스가 제일 먼저 건너온다. 박스 안에 무엇이 들어 있는지 모두 궁금해한다. 대체로 먹을 것이라 한다. 주유가 완료되면 함께 나누어 먹는다. 이윽고 주유의 관이 크게 기지개를 펴듯 곧게 되더니만 엄청난 압력으로 기름이 이쪽으로 옮겨진다. 송유관으로 기름이 쿨럭쿨럭 넘어오는 모습은 마치 음악의 비트에 맞춰 리듬을 타는 듯하다. 오늘 주유량은 60만 리터라고 한다. 어느 정도

대청함에서 한산도함으로 송유하는 모습

의 분량인지 감은 없으나 많은 양인 것만은 분명하다. 두 거대한 함정의 가운데에서 물살이 크게 출렁인다. 철썩 철썩 속도가 빠른 만큼 만들어진 소리나 물결이 부딪혀서 만들어진 하얀 파도의 크기도 크다. 함정 위로 물이 올라오기도 한다. 보는 것만으로도 장관이다. 계속 음악이 나온다. 처음에는 해군 군가로 시작해 다음에는 대중가요가 나온다. 인기 있는 K-팝도 나온다. 모두 따라 부르고 신나한다. 음악은 긴장감을 풀어주는 것은 물론이고, 한 시간 정도의 제법 긴 시간의 일정한 무료함도 풀어주는 역할을 한다. 음악의 기능을 만끽하는 시간이다.

주유가 완전히 끝나면 처음과 역순으로 호스가 대청함 건너편으로 넘어간다. 처음 받았던 하얀 가방 선물에 이쪽 마음을 담은 답례 선물을 줄에 매달아 보낸다. 처음 건너왔던 연결줄마저 대청함으로 건너가면 일은 마무리된다. 한 시간 동안 단 1초도 긴장을 내려놓을 수 없었던 시간의 연속이다. 마치 마에스트로가 지휘하고 모든 단원이 악보에 맞춰 자기 역할을 수행하는 오케스트라처럼 조화롭다.

종료 방송과 함께 해군가가 나온다.

"우리는 해군이다 바다의 방패/ 죽어도 또 죽어도 겨레와 나라/ 바다를 지켜야만 강토가 있고/ 강토가 있는 곳에서 조국이 있다/ 우리는 해군이다 바다가 고향/ 가슴 속 끓는 피를 고이 바치자."

두 거함의 소리 없는 대화는 이렇게 마무리된다. 오늘따라 결연한 의지가 더 크게 다가온다. 큰일을 하고 난 다음의 안도감과 포만감인 듯하다.

두 거함의 한 몸처럼 움직이는 웅장함과 정교함의 협업을 참관했다. 협업은 자기 완결성을 갖춘 공동체의 다른 이름이다. 해군가를 들으며 협업의 달인들을 보며 마음속으로 자연스럽게 읊조린다. 또 읊조린다. 당신의 헌신에 감사합니다. Thank you for your service!

순항훈련의 걸작

6장

쉽게 탄생하는 걸작은 없다

걸작masterpiece이 쉽게 탄생하였다는 얘기는 동서고금 그 어디에서도 찾아보기 어렵다. 쉽게 탄생하는 걸작이란 없다. 이렇듯 '걸작'이라는 말이 주는 무게감을 인지한 상태로, 나는 이번 순항훈련을 걸작의 반열에 올려놓아 본다. 아마도 외국의 그 어느 순항훈련과 비교하여도, 그 어떤 훈련 기준에 비추어 보아도 이번 순항훈련은 전혀 손색이 없을 것이다. 아니 훨씬 뛰어날 것이다. 다른 걸작들과 마찬가지로, 이 항해 역시 쉽게 탄생한 것이 아니다. 걸작에는 인고의 역사가 있기 마련이다. 강한 의지가 든든하게 버틴 역사 말이다. 역사의 시작은 지금으로부터 70년 전인 1954년으로 거슬러 올라간다.

1954년 한국은 전쟁을 겪고 폐허 그 자체였다. 1인당 국민소득을 산정하기조차 힘들었던 시절이었다. 국민소득 산정의 최소 단위인 100달러에도 미치지 못하는 정도였으니 당시의 나라

경제 사정이 어느 정도인지 쉽게 짐작이 된다. 국가의 재정이나 국방 예산은 생도들을 해외순항훈련에 보내기에는 턱없이 부족했다. 턱없이 부족한 정도가 아니라 생각조차 할 수 없었던 때였다. 순항훈련에 나갈 변변한 군함조차 없었으니 말이다.

그럼에도 불구하고 해군 창군의 아버지들은 해양강군으로 가는 길에 순항훈련은 반드시 필요하다고 생각했고 실행에 옮겼다. 이후 격동과 격난의 현대사 속에서 해외순항훈련은 단 한 번도 거르지 않고 흔들림이 없이 이어왔다. 어찌 보면 상투적인 표현이지 모르겠지만, 순항훈련은 각고의 노력과 정성의 결과다. 일흔의 성상星霜을 바라보는 순항훈련의 역사에 찬사를 보낼 적절한 문구를 찾기 어렵다. 이건 기적이다. 이보다 더 적절한 표현은 없을 듯하다.

순항훈련은 대양을 선도할 리더를 키우기 위해 넓은 세계를 보게 하고 느끼게 하고 꿈을 꾸게 하는 여정이다. 지휘관으로서 갖추어야 할 군사적, 인격적 완성을 향한 체험이다. 생도들에게 순항훈련은 일생일대 특별한 경험이자 오래 간직될 기억이다. 수개월에 걸쳐 세계 여러 지역을 무대로 진행한다. 이번에는 110일 동안 인도양, 태평양을 횡단하며 9개국 10개 도시를 방문하는 일정이다. 순항훈련은 어떤 의미에서 4년 동안 생도로서 배운 지식과 체험을 총정리하는 시간이다. 임관을 앞둔 해사海士 생도에게 실무적응능력과 글로벌 리더십을 배양하는 훈련이다.

순방국마다 며칠씩 정박하여 군사외교 활동을 펼친다. 아울러 세계의 여러 기항 도시를 탐방하는 문화 접촉의 기회도 덤으로 가지며 국제적인 감각을 갖춘다. 국제 신사로서 손색이 없다. 해군은 글로벌 스탠더드의 준칙이 무엇인지 알고 있다.

기적이며 걸작이 태동했던 순항훈련의 태동 시점으로 시간을 되돌려 본다. 해군 자료관에서 첫 순항훈련에 대한 기록을 확인할 수 있었다. 기록은 순항훈련에 대양진출을 향한 첫걸음이라는 의미를 부여하고 있다. "국가와 민족을 위하여 이 몸을 삼가 바치나이다."의 아포리즘을 만든 손원일 초대 참모총장 다음으로 취임한 박옥규 참모총장의 시절로 거슬러 올라간다. 당시의 상황에 대한 기록을 토대로 재현하여 풀어 적으면 다음과 같다.[13]

1954년 초반 어느 날 박옥규 참모총장에게 이성호 함대부사령관이 특별보고를 한다. 보고 내용은 해군사관학교 생도의 해외순항훈련 실시 계획이었다. 당시 우리나라 실정으로서는 해외순항훈련이라는 것은 꿈도 꾸지 못할 시절이었다. 국방예산이 넉넉하지 않았고, 더군다나 해외순항훈련을 수행할 마땅한 함정도 없었기 때문이다.

해사 1기생부터 생도를 가르쳤던 이성호 제독은 해군사관학교 생도들의 해외순항훈련이 학사과정에서 절대적으로 필요하다고 생각해 왔다. 해군을 이끌어갈 장교가 될 사관생도들이 젊었을 때 세계로 나가 외국에서 더 넓은 세상을 몸으로 직접 체험하는 것이 중요하다고 확신하였기 때문이다. 또한 해외순항훈련을 통한 군함의 외국 방문 자체가 훌륭한 군사외교의 장으로서 우방국 해군 간에 우호를 증진시킬 수 있고, 필요시 연합훈련도 할 수 있기 때문이기도 했다. 태평양 시대를 향한 안목이라 하지 않을 수 없다.

순항훈련 순방국으로 대만과 필리핀을 우선적으로 검토했다. 대만과 필리핀은 당시 한국의 중요 우방국이었고, 특히 필리핀은 6·25전쟁 참전 우방국이었다. 참가 전력으로는 당시 우리 해군의 주력함인 PF 4척을 검토했다. 여러 문제가 밀도 있게 검토되었다. 어느 하나 녹록한 것이 없었다.

박옥규 참모총장은 대양항해 경험이 풍부한 인물이었고, 본인의 경험을 통해 그 누구보다도 사관생도 해외순항훈련이 필요하다는 것을 잘 알고 있었다. 그렇지만 당장의 전투력 공백 문제 등을 고려해 볼 때 해상경비 대체전력과 경비방안을 비롯해 사전에 준비할 것이 많아 해외순항훈련을 시행하기에는 시기상조로 보았다. 박옥규 참모총장은 이성호 함대부사령관에게 재검토하라고 지시하며 일단 보류했다 그러나 그의 머릿속에는 사관생도들의 해외순항훈련 문제가 떠나지 않았다. 그는 대양에서의 훈련이 가능해야만 대해군 건설도 가능하다는 것을 알고 있었고, 어떻게 하면 생도들에게 해외순항훈련을 시킬 수 있을지 거듭 고민했다.

함대부사령관이 미 해군고문관들과 심층적인 의견 교환과 구체적인 검토를 마치고 다시 참모총장에게 보고했다. 참모총장은 "우리 해군에서 PF를 인수한 이후에 우리 영해를 벗어나 멀리 나가본 적이 없다. 그런데 동남아까지 제대로 다녀올 수 있을까?"라는 우려를 계속 표명했다. 부사령관은 "그렇기 때문에 더욱 순항훈련을 가야 합니다. 함장들부터 훈련을 해야 합니다."라는 말과 함께 강한 의지를 피력했다. 이렇게 하여 참모총장은 부담스러운 마음을 던지고 해외순항훈련 계획을 최종 승인했다.

4척의 전투함과 1척의 유조함으로 구성된 당시로서는 대규모의 함정 선단이 해군 창군, 해군사관학교 개교 이후 첫 해외순항훈련에 나섰다. 해사 9기 사관생도들을 태우고 장도에 오른 해외순항훈련실습단대는 32일간 총 항정 4,563마일을 항해하면서 필리핀 마닐라, 타이완 지룽을 거쳐 진해항에 무사히 귀항했다. 해군의 첫 해외순항훈련 기록이다. 순방국 해군과의 친선운동 및 상호방문을 통해 우호 관계를 강화했다.

박옥규 참모총장의 결단으로 여러 가지로 불비한 상황이었음에도 최초로 시행하게 된 사관생도 해외순항훈련은 매년 꾸준히 실시되었다. 임관을 앞둔 사관생도들에게 필요한 전문지식과 실무적응 능력을 배양시키고, 순방국과 우호관계를 증진시키는 등 다목적적인 훈련으로 자리 잡게 되었다. 대양진출의 첫 걸음이었다.[14]

걸작의 담금질은 이렇게 시작하였다. 해사 9기 생도부터 77기 생도에 이르기까지 단 한 번도 건너뛴 생도 기수가 없다. 사정이 있어 해를 한 번 거른 적은 있지만 생도 기수 중에 순항훈련의 경험을 빠뜨린 적은 없다. 걸작은 시간과 열정이 더해진 결과다. 시간과 열정을 들이지 않으면 걸작이 될 턱이 없다. 순항훈련을 걸작으로 만들기 위해 해군이 품은 열정을 개인들이 쏟은 총시간으로 합산하면 무한대다. 순항훈련에 편승하여 한 달 동안 함께 항해하며 그 시간과 열정을 또렷하게 그려볼 수 있었다.

해군들이 어느 정도까지 세심하고 철저한 준비를 하는지의 한 장면을 소개한다. 함정에 처음 승선하여 배정된 방으로 갔을 때 환영 카드가 책상 위에 놓여 있었다. 이렇게 사소한 부분까지 준비해주다니 감동이었다. 하나를 보면 열 가지 백 가지를 안다고 하지 않던가. 다른 준비는 더 볼 필요가 없다. 시간과 열정이 만들어낸 작품에는 단 하나의 실수나 흐트러짐이 없었다.

사관생도 한 명 한 명이
모두 외교관이다 [15]

순항훈련은 우리 생도들을 품격 있는 외교관으로 만든다.

"우리는 제1차 세계대전 이후 지금까지 1세기 이상 다른 나라의 전쟁이나 분쟁에 참여하여 자유와 번영을 위해 싸웠지만 한국만큼 진정한 감사를 표시하는 나라는 없다.", "우리의 용감한 희생이 결코 헛된 것이 아님을 한국은 끊임없이 우리에게 알려 주고 있다. 그래서 늘 고맙다." 한국전쟁에 참전한 호주와 뉴질랜드 군인들과 정부 관계자들의 마음이자 이야기다.

호주 시드니 한국전쟁참전비에는 호주 장병들이 가장 치열하게 싸웠던 경기도 가평에서 가져온 큼지막한 직육면체의 화강암 두 개가 헌화대로 놓여 있다. 두 헌화대가 일정한 간격을 두고 떨어져 있다. 여기엔 깊은 의미가 담겨 있다. 지금은 떨어져 있지만 남·북한이 통일하면 나란히 붙여 놓으려고 한다는 것이다. 그들의 상상력과 우리의 통일을 향한 깊은 바람에 감복하지 않을 수 없다.

뉴질랜드 오클랜드 전쟁기념관에서의 한국전쟁 참전 헌화와 참배는 뉴질랜드 해군 군악대의 〈아리랑〉 연주 속에서 한참을 가슴 뻑뻑하게 코끝을 시큰하게 하였다. 어떤 노병은 지팡이에, 어떤 노병은 휠체어에 몸을 기대지만 헌화하고 절도 있게 경례하는 모습은 젊은 청년 때의 참전 모습 그대로였다. 이날 헌화한 가장 젊은 참전병이 89세이니 열여덟 살이 되던 해에 한국전쟁에 참전한 셈이다. 단 한 번도 들어 본 적이 없는 나라의 전쟁에 참여한다는 것이 어떤 마음이었을지 쉽게 짐작하기 어렵다. 우리 생도들이 이분들에게 존경을 표하며 품격 있게 호위한다. 생도들의 늠름한 모습에서 마치 자신의 젊었을 때의 모습을 회상하는 듯 대견스러워하는 표정이 역력하다.

이분들에게 감사하는 마음을 표하기 위해 해군 관계자와 함께 함상 리셉션에 초청한다. 여기에서 우리 생도들은 한국을 대표하는 마음으로 한 분 한 분 정성으로 대한다. 현지 동포들도 함께 초청되는 자리인 터라 분위기는 더 화사하다. 생도들은 깔끔한 정복을 말쑥하게 갖춰 입고 테이블에서 호스트의 역할을 톡톡히 한다. 참전용사와 동포들이 궁금해하는 오늘의 한국에 대한 설명이며 사관학교의 생활이며 순항훈련의 경험담이며 이야기는 끊임없이 이어진다. 함께 참석한 외국의 젊은 장병들과는 바로 연락처도 교환하고 SNS 친구를 맺기도 한다.

순항하는 각 국가 해군생도와의 교류활동에서 우리 생도들의 외교 활동은 더 돋보인다. 친선 체육대회를 비롯하여 함께 시간을 보내며 해양을 둘러싼 인류 평화와 번영에 대한 공동 관심사에 대해 의견을 나눈다. 외국어로 소통하며 생기는 다소의 불편함은 MZ세대 특유의 자신감과 친화력 앞에서 큰 걸림돌이 되지 않는다.

한류가 활짝 꽃을 피우는 요즘이다. 외국에 나와 보면 더 크게 와닿는다. 이번 9개국 10개 도시를 순항하면서 생도들은 한국의 위상이 자신들이 생각한 것보다 훨씬 높다는 것을 느꼈을 것이다. 한국 노래를 따라 부르려고 한국어를 배우고 한국 드라마를 보고 싶어 한국어를 배우고 있다고 한다. 그래서 한국어학당에 다니기도 하고 유튜브에서 한국어를 배운다는 젊은 동년배가 많음을 알게 되었다. 한국의 대중문화가 세계인의 마음에 깊이 다가가고 있다. 가격을 매길 수 없는 매력 자본으로 여겨지는 것이며 쉽게 얻을 수 없는 세계 문화시민권을 획득한 셈이다. 프랑스의 문명평론가 기 소르망의 표현대로 한국은 제조 상품과 문화를 동시에 수출해 본 세계에서 몇 안 되는 나라에 들어 있다.

문화란 대중문화이든 어떤 장르의 문화이든 흥미나 엔터테인먼트만으로는 그 수명을 오래 가져가기 어려운 속성이 있다. 특히 요즘처럼 기호나 취향의 라이프 사이클이 빠르게 변화하는 시대에는 더욱 그렇다. 공감하는 가치가 내재하여 있느냐의 여부가 중요하다. 우리가 아주 어려웠던 시절 자신들의 생명까지 내놓았던 국민에게 보은의 마음을 갖는 것은 한국을 상징하는 대문자 K를 탄탄하게 만드는 중요한 요소다. 받은 은혜를 잊지 않고 갚는 것을 보은이라고 한다. 우리 생도들의 활동에서 나타나는 격조 있고 겸허한 보은의 태도와 마음에서 나오는 감동은 오래 지속되기 마련이다. 생도들의 순항훈련 과정에서 보여 준 품격 있는 보은의 감사 표시가 한국 사회의 미래를 담보하는 좋은 바탕이 될 것이다. 생도 한 명 한 명이 모두 외교관이기에 더 확신이 선다.

생도들에게,
뿌리 내린 곳에서 꽃 피워라

생도들은 이번 순항훈련에서 거인의 어깨에 올라 더 넓은 세상을 보겠다는 꿈을 가지고 있다. 각자 마음에 두고 있는 거인은 다를 수 있지만 거인의 어깨가 무엇을 의미하며 더 넓은 세상이란 어떤 것인지 그리고 무엇을 볼 것인지에 대해서는 같은 생각을 가지고 있다.

지금의 위치를 NLL(북방한계선)의 어느 지점으로 설정하며 실전처럼 훈련하는 모습은 보는 것만으로도 든든하다. 그런가 하면 항구에 정박하면 먼저 체험한 견문을 후배 생도들에게 엽서로 전하기 위해 흔하게 보이지 않는 우체통을 부지런히 찾아다니며, 감동은 들인 공과 시간에 비례한다며 꼼꼼히 엽서를 가득 채우는 모습에서 풋풋한 정을 느낀다. 나의 뱃멀미가 걱정되었던지 특별히 준비한 자신의 멀미 비상약을 흔쾌히 건네주는 속정 깊은 생도로부터 넉넉한 마음을 배우기도 한다. 어디 나가도

함정 안 강의실에서 생도들을 대상으로 진행한 강연.
강연 제목은 '청년 리더의 안목'.

누구를 만나도 문화의 차이를 생경스럽게 대하지 않는 이들은
함께 걸어가는 나의 어깨를 으쓱하게 만든다.

그런가 하면 생도 중에는 깜짝 놀란 정도의 독서량과 깊이 있
는 사고력을 가진 생도도 많다는 것을 확인하였다. 생도들을 대
상으로 진행한 2번의 함상 강연에서 호기심 가득한 저돌적인 질
문을 들으며 사고의 근육도 제법 딴딴하다는 것을 느꼈다. 9개
국 10개 도시를 다니는 항해를 하며 정박하는 곳에서는 내가 대
한민국의 외교관임을 자임하며 다양한 활동을 한다. 나는 그들
에게서 세계시민의 잠재력을 보았다. 이렇게 생도들은 순항훈
련에서 우리의 바다와 해양을 맡기에 부족함이 없는 결기와 소
양을 갖춰 가고 있다.

생도들과 한 달 동안 함께 항해하며 그들의 자발적 질서를 자세히 보았다. 함정에서는 물론이고 문화탐방을 같이 다니며 현실과 장래에 대한 질문도 많이 받았다. 진지하게 답변도 하고 정답이 없는 것은 그대로 열어 놓았다. 이제 소위로 임관하여 각자에게 주어진 책임과 의무를 다하고 있는 생도들에게 전하고 싶은 이야기 몇 가지를 하려고 한다. 이건 비단 함께 항해한 생도들에게만 해당하는 것은 아니다. 우리 청년들에게 들려주고 싶은 이야기이기도 하다.

소설가 김탁환은 젊음의 증거로 매혹과 불안을 꼽은 적이 있다.[16] 불안과 매혹은 동전의 양면과 같다. 생도로서 20대 초반은 자신이 택한 일에 시간 가는 줄 모르고 몰두하는 시절이다. 이렇듯 몰두하는 시간은 분명 거부할 수 없을 정도로 매혹적이다. 그러나 거부할 수 없는 매혹에는 불안이 따르기 마련이다. 확실할수록 불안의 몫은 더 커진다. 20대 초반의 어느 시점에서 자신의 장래에 대해 고민하는 것은 어찌 보면 당연하다. 장교로서 당분간 확실하게 정해진 길로 가야 하기에 고민은 더 클지도 모른다. 확실이나 안정의 다른 이름은 불확실이고 불안정이다. 앞으로 가야 할 진로가 확실하기에 로버트 프로스트Robert Frost의 유명한 시처럼 '가 보지 않은 길'에 대해 더 많은 애착을 갖지는 않을지 그게 마음에 걸린다.

여기에서 잠시 스탠퍼드대학의 티나 실리그 교수의 《스무 살에 알았더라면 좋았을 것들》책 마지막 부분을 옮겨 적어 본다. "불확실성은 삶의 본질이며, 그 불확실성으로 인해 오히려 더 많은 기회를 만날 수 있다. 지금도 가끔은 어느 방향으로 가야 할지 망설일 때가 있고, 앞에 놓인 수많은 선택 앞에서 당황하기도 한다. 그러나 불확실성이야말로 혁신을 일으키는 불꽃과 같으며 우리를 앞으로 나가게 만드는 엔진이라는 사실을, 나는 잘 알고 있다. 기억하라. 예측 가능한 길 바깥으로 내려서야만, 고정관념에 의문을 던져야만, 그리고 세상을 기회와 가능성이 무궁무진한 곳으로 바라봐야만 진정 멋진 일들이 당신에게 일어난다는 사실을 말이다."[17]

소설가 김연수는 20대를 결과는 없는 원인만 있는 삶이라고 표현한 바 있다.[18] 곰곰이 생각해 본다. 결과는 없고 원인만 있는 삶이라, 묘한 표현이다. 어느 시대 어느 사회를 막론하고 동서고금 공통적으로 젊음은 요동치며 방황하는 시기이고, 행복을 느끼기 어려운 시기이다. 지그문트 바우만의 언급을 빌리면 현대인들 특히 젊은 세대가 가장 두려워하는 것은 당장 먹고사는 문제라기보다는 경험에서 자신이 배제되는 것이다. 특히 방황조차 편하게 할 수 없는, 불명예라는 꼬리표가 붙는 요즘의 세태다. 젊을 때는 유난히 유혹이 많다. 일상에서 벗어나 어디 낯선 곳으로 가고 싶은 충동 속에서 분출시키기도 하고 때로는 억누르기도 한다. 가장 많이 번민하고 동시에 가장 역동적인 시기다.

둘러싼 조건이나 환경이 항상 우호적이지 않다. 설사 그렇다고 하더라도 이것을 한번 믿어 보면 어떨까 한다. 젊음은 계절에 비유하면 봄Spring이다. Spring이란 어휘에는 세 가지의 의미가 있다. 일상적으로 아주 친숙하게 사용하는 계절로서의 봄이 그 하나이고, 샘이 다른 하나이며, 용수철이 또 다른 하나다. 봄은 계절의 시작으로 생기, 활기, 태동의 다른 이름이다. 샘이란 모든 생물의 생명과도 같은 물이 나오는 곳으로 아무리 큰 강도 그 발원지를 찾아 올라가면 아주 작은 샘에서부터 출발한다. 이것은 모태, 원천, 근원, 본원의 다른 이름이다. 그리고 용수철은 일반적으로 스프링이라 발음하는 것으로 탄력, 도약, 약동을 상징한다. 위기를 겪고 원래의 상태로 되돌아가는 회복탄력성을 내포하고 있다. 세 가지 의미를 관통하는 하나의 어휘가 바로 '청년'이다. 다시 강조하지만, Spring은 오롯이 생도들과 같은 젊은 이들의 것이다.

젊다는 것은 쉼 없이 변화한다는 것이다. 그런데 변화를 어떻게 맞이하느냐가 중요하다. 그냥 밀려가면서 어쩔 수 없이 변화하는 것이 아니라 자기 주도적으로 변화에 적응해 보라고 얘기하고 싶다. 결코 쉬운 일이 아니라는 것도 잘 안다. 기본 중의 기본은 읽기와 토론과 쓰기다. 한글을 깨치기 시작하면서부터 이에 관한 얘기를 귀에 못이 박히도록 들었던 까닭도 기본 중의 기본이기 때문이다. 중요한 것은 반복되어 강조되기 마련이다.

16, 17세기 영국의 철학자 프랜시스 베이컨은 "Reading makes a full man: Conference makes a ready man; Writing makes an exact man"이라고 강변한 바 있다. 독서는 사람을 튼실하게 만들고, 토론은 준비된 사람으로 만들고, 글쓰기는 사람을 정교하게 만든다. 리더leader는 리더reader여야 한다. 무엇을 의미하는지 중언부언할 필요가 없다. 꽉 찬 사람이 되고 싶다면 독서를, 준비된 사람이 되고 싶으면 토론을, 정교한 사람이 되고 싶으면 글쓰기의 중요성을 인지하고 실행에 옮기라는 주문이다.

특히 글쓰기를 강조한다. 까닭은 글을 써보아야 내가 정작 무엇을 알고 무엇을 모르는지 알게 되기 때문이다. 이를테면 자신의 소담한 일상을 글로 담담하게 옮겨보면 한다. 매일 쓸 필요도 없고 주기적일 필요도 없다. 다만, 쉽지는 않겠지만 일정하게 쓰겠다는 의지는 있으면 좋겠다.

앞서 기록의 가치에 대해 논의한 바 있다. 충무공 이순신이 지금 이 시대에도 역사의 살아 있는 전설로 후대의 기억 속에 생생하게 남아 있는 것은 32번 싸워 32번 모두 승리를 이끌어낸 사실 못지않게 불후의 명작인《난중일기》의 역할이 컸음을 기억하면 좋겠다.《난중일기》는 글쓰기의 전범典範이다. 특히 군인이 주는 무게감과 반복적인 일상에서 비롯하는 타성에 젖지 않으려면 읽고 토론하고 쓰는 자세를 몸에 배게 해야 한다.

군은 조직의 특성상 단 하나의 실수도 허용할 수 없다. 한 달 동안 항해하며 생도들이 만들어내는 자발적 질서를 자세히 보았기에 사소한 실수조차 하지 않을 것으로 생각한다. 그래도 사람인지라 실수에서 완전히 벗어나기는 어렵다. 실수를 두려워하지 말라고 조언하고 싶다. 아니 '실수를 껴안아 보게나Embrace the mistake'라고 얘기하고 싶다.

나는 우리 청년들이 본능적으로 선택하는 것이 미래라고 생각한다. 쉽지 않은 일이지만 여러분의 본능적 선택을 믿으라고 말하고 싶다. 그러나 동시에 책임감을 굳건히 갖고 있어야 한다. 자신이 안아야 할 책임을 타인에게 전가하지 않는 자세를 가져야 한다. 이것은 리더가 갖추어야 할 덕목이기도 하다.

항해를 하며 가졌던 함상 강연에서 강조한 바 있는 거인의 어깨에 올라 멀리 보기를 권한다. 바다가 거인이다. 이번 태평양 항해에서 배운 것이다. 바다가 거인인 것은 바다의 겸손, 칭찬, 넓음, 깊음 때문이다. 우리 생도들이 바다의 겸손, 바다의 칭찬, 바다의 넓음, 바다의 깊음을 늘 마음에 간직하면 좋겠다. 겸손하면 머물게 하고, 칭찬하면 좋아하고, 넓으면 따르게 하고, 깊으면 감동케 한다.

바다의 용사들이여, 뿌리 내린 곳에서 꽃 피워라Bloom where you are planted.

9분 10초 영상,
어느 사회학자의 첫 순항훈련

영상 하나를 순항훈련 기념 선물로 받았다. 9분 10초 분량이다. 항해를 같이한 승조원들이 만들었다. 시드니에서 하와이까지의 항해 여정을 담고 있다.

헤어지기 며칠 전, 매일 만났던 사관실에서 함께 영상을 보았다. 그리 길지 않은 9분 남짓의 영상이었지만 내용만큼은 수백 수천 시간으로 다가왔다.

영상은 나에게 순항훈련이 무엇을 의미하는지 축약해 준다. 영상을 다시 보면 지금도 코끝이 시큰하다. 그 시간으로 다시 가고 싶다. 그것은 나에게 모험의 시간이었고, 성찰의 시간이었고, 경계를 넘는 시간이었으며, 미래를 보는 시간이었다. 영상의 제목은 '어느 사회학자의 첫 순항훈련'이다. 소박한 제목이고 정감 있는 제목이다.

영상을 제작하기 위해 이들은 유튜브에 있는 나의 퇴임 강연을 보고 또 보고 인상 깊었다고 생각하는 부분을 옮겨와 영상에 담았다. 또한 신문에 게재된 나의 순항훈련 항해 칼럼과 선상 강연을 캡처하여 편집하였다.

태평양을 배경으로 함께 어울렸던 풋풋한 모습이 담긴 영상은 이 책에서는 어떻게 보여줄 방법이 없다. 사실 영상은 훨씬 더 생동감이 있어 공유하지 못하는 것이 많이 아쉽다.

모든 대목 하나하나가 소중하지만 마지막 부분의 생도들이 나에게 전하는 따뜻한 마음을 특히 귀하게 생각한다. 영상은 나의 퇴임 강연의 일부를 인용하면서 시작한다.

연결의 지평을 넓혀야 한다고 생각합니다. 연결의 힘은 연결의 광장을 만들고 연결의 타워를 만드는 것은 경계를 허무는 것이 아니라 경계와 경계가 만나 꽃을 피우는 새로운 전환에서 만들어진다고 생각을 하고 있습니다.

그리고는 시드니부터 하와이까지 1만 킬로미터의 태평양 항해 한 달의 시간 여정을 영상 기록의 형식으로 보여 준다. 아래 내용은 영상 속에 담겨 있던 글로, 생도들이 나에게 남긴 영상 편지이다.

교수님, 시드니에서부터 하와이까지 긴 항해 정말 고생 많으셨습니다. 그리고 저희와 함께해 주셔서 정말 감사했습니다. 교수님과 더 오래 함께하고 싶었지만 이제는 보내드려야 한다니 정말 아쉬운 마음뿐입니다. 그렇지만 젊은 사관생도들이 보여 줬던 패기와 열정 그리고 역동적인 에너지를 교수님께서 꼭 오랫동안 간직하셨으면 좋겠습니다. 저희도 교수님의 해군에 대한 열정과 애정에 보답하고자 더 열심히 정진하도록 하겠습니다. 제가 좋아하는 말 중에 결자해지 거자필반이라는 말이 있습니다. 운명이 저희를 이끌었듯 또 저희를 만나게 해줄 것 입니다. 그때는 명예 해군과 어엿한 해군 장교로써 같은 시간을 보낼 수 있는 날이 왔으면 좋겠습니다. 교수님 건강하시고 앞으로 교수님의 앞날에 화창한 날만 가득하길 기대하겠습니다. 교수님 감사합니다.   — 생도 장원석

교수님과 함께했던 호주 본다이 비치에서의 추억과 두 번의 강연 그리고 격납고에서 함께 별을 바라보았던 추억들은 저뿐만 아니라 모든 저희 77기 생도들의 기억 속에 소중히 간직될 것입니다. 저희 사관생도들은 앞으로 단순히 해군장교를 넘어 청년 리더들로서 대한민국의 번영과 안녕 그리고 국익을 위해 정진해 나가겠습니다. 교수님께서도 명예해군으로 가시는 앞으로의 길을 저희가 항상 응원하겠습니다. 교수님 감사합니다. 그리고 항상 건강하십쇼. 파이팅입니다.   — 생도 황선우

교수님께서 퇴임 특별강연에서 해주셨던 말씀 중에 "지식은 입을 열고 지혜는 귀를 연다."라는 말이 있었는데 교수님과 함께한 시간들은 귀를 열게 하는 시간의 연속이었던 것 같습니다. 특히 교수님께서 시드니에서 해주셨던 "한 사람의 안목이 지금의 오페라 하우스를 있게 하였고, 그 오페라 하우스가 지금의 시드니를 있게 하였다 해도 과언이 아니다."라는 말씀은 정말 오래오래 기억에 남을 것 같습니다. 저희도 해군장교로서 국제적인 안목을 갖춘 사람이 되어 연결과 지평을 넓히고 경계에는 꽃을 피울 수 있는 그런 사람이 되도록 부단히 노력하겠습니다. 교수님, 더 오래 함께 있으면서 많은 것을 여쭙고 싶지만 이제는 각자의 시간을 가져야 할 때가 된 것 같습니다. 교수님께서 생각하시는 한국 사회의 미래와 제가 생각하는 한국 사회의 바람직한 모습이 별반 다르지 않다고 생각합니다. 앞으로 각자의 자리에서 최선을 다하고 언젠가 꼭 웃으면서 다시 만날 수 있기를 바라겠습니다.　　　　　　　　　　　－ 생도 임세빈

영상은 이렇게 마무리된다.

함께 파도를 넘고, 적도를 지났습니다. 시간을 뛰넘고, 계절을 건넜습니다. 서로의 마음에 새로운 세상이 열렸습니다. 아름다운 동행, 오래도록 기억하겠습니다. 교수님의 끊임없는 도전, 앞으로 펼쳐나가실 멋진 항해를 응원합니다.

이 영상 역시 나에게는 걸작이다. 걸작 반열에 들어가기에 충분한 선물이다.

기
항
지
의 교
훈

7장

항구의 미학

출항은 귀항을 꿈꾼다. 나가면 들어와야 한다. 귀항은 출항을 위해 존재한다. 들어오면 바다로 나가야 한다. 귀항이 없는 출항, 출항 없는 귀항, 어떤 경우에도 생각할 수 없다. 항해는 항구를 향한 귀항의 기다림이 있기에 순한 파도의 지루함을 버티기도 하고 거친 파도의 시련도 이겨내기도 한다. 여러 날 항해하다 보면 귀항의 기다림이 어떤 것인지를 몸이 말해 준다. 바다 물결이 거칠어 멀미라도 심하게 할라치면 항구가 더 절절하게 기다려진다. 항구는 늘 그리움의 대상이다.

본디 항구는 개방적이다. 어디론가 열려 있다. 항구를 그려보며 닫힘이나 폐쇄를 상정할 수는 없다. 사람이 오고 가고 물자가 드나들고, 색다른 문물이 첫선을 보인다. 항구는 다른 문화와의 교접이 이루어지는 곳이다. 이런 이유로 항구는 거친 대목도 많다. 항구를 배경으로 폭력 영화가 많이 만들어지는 것도 이와 무관하지 않다. 물자가 풍부하고 사람들의 이동이 많고 다른 문화와 교접하고 이권이 걸려 있기에 정체성이나 이해관계를 둘러싼 갈등이 생기기 마련이다. 다툼이 안 생기면 그게 오히려 더 이상하다. 항구는 엷디엷은 수채화 물감의 산수화풍 소재이기도 하지만 유화의 물감이 덕지덕지 묻어나는 거센 파도가 더 먼저 떠오르는 격한 곳이다.

세계사는 항구를 중심으로 형성되었다고 하여도 크게 틀린 말이 아니다. 특히 서양의 경우는 더욱 그러하다. 그리스 로마 신화에도 바다와 항구를 빼면 이어질 스토리가 그리 풍성하지 않다. 근대 태동의 한 축인 대항해 시대에는 바다와 항구와 배가 세계사의 전부라고 하여도 지나치지 않다. 물론 대륙의 세계사 역시 그 비중을 가볍게 다룰 수는 없지만, 항구의 상상력은 내륙 도시의 상상력과는 많이 다르다. 비교할 수 없을 만큼의 규모와 범위가 있다. 우리가 익숙하게 알고 있는 세계적인 항구는 세계사의 어느 시점에서 적어도 한 번은 큰 판을 펼쳤던 곳이다.

배는 먼 곳에서부터 아주 천천히 항구에 근접한다. 도착지의 모습을 먼 곳에서부터 서서히 시야에 들어오게 해주는 매력이 있다. 어렴풋이 보이던 항구가 점점 또렷하게 등장한다. 항구를 둘러싼 전경이 파노라마처럼 느릿하게 등장한다. 마치 망원경 렌즈의 줌을 아주 서서히 당기는 듯하다. 처음에는 뿌연 배경만 보이다가 점차 형체가 또렷해지고 마지막에는 세밀하게 대면하는 장면은 공간의 크기와 시간의 간격을 절묘하게 겹치게 한다. 항구의 모습이 나타나기 시작하면 기초 미술 시간에서 배웠던 원근법의 구도가 또렷하게 나온다. 도화지의 아래 3분의 1은 바다, 중간 3분의 1은 항구 전경, 윗부분 3분의 1은 하늘의 배합 조건을 꼭 맞춘다. 멀리서 서서히 항구로 들어가는 것은 마치 기승전결의 정연한 질서를 하나씩 펼쳐 보이는 듯하다.

비행기를 타고 기착지에 도착할 때와는 사뭇 다르다. 비행기를 타고 공항에 내릴 때는 빠른 속도의 하강만큼이나 잔뜩 긴장한 상태에서 도시 한 곳에 풍덩 뛰어든다는 생각이 든다. 그러나 배를 타고 항구에 기항하는 것은 완전히 다르다. 웅장한 함정을 타고 천천히 들어가면서 항구의 전경을 한눈에 담아내는 것을 책읽기에 비유하면 겉표지와 제목을 거쳐 목차를 훑어보고 서문을 읽고 그리고 본문으로 들어가며 마무리 에필로그를 접하는 듯 아주 질서 정연하다. 항구는 책읽기와 마찬가지로 상상으로 그려지기도 하고 현실로 그려지기도 한다.

먼 바다에서 바라본 두근거림의 도입에서부터 팽팽한 홋줄로 부두에 정박하는 마무리까지 정연한 단계가 있다. 내릴 곳을 바로 앞에 두고도 함정은 그냥 쉽게 달려가 정박하지 않는다. 그럴 수도 없다. 정박하기 위해서는 사전의 많은 준비가 필요하다. 함정처럼 육중한 배가 부두에 닻을 내리기 위해서는 여러 단계의 진행이 필요하다. 항구로의 진입은 마음의 여유를 준다. 육지에 도착하기까지 준비의 시간을 준다. 느림, 기다림, 기대감을 최고조로 끌어 올려놓는다. 여기에 옆을 지나가는 배에서 뱃고동이라도 나올라 치면 설렘의 두근거림은 극에 달한다.

　순항훈련의 낭만과 교훈은 어떤 곳은 하룻밤, 어떤 곳은 사나흘 기항하는 항구에서도 찾아진다. 내가 편승한 함정은 호주의 시드니, 뉴질랜드의 오클랜드, 피지의 수바, 미국의 하와이 호놀룰루 진주만, 4곳에 기항하였다. 두 곳은 전에 방문한 적이 있고, 다른 두 곳은 처음이다. 시드니는 여러 번 들렀던 곳이라 친숙하다. 오클랜드는 30여 년 전에 방문한 적이 있어 오래전의 기억만 가지고 있다. 수바와 하와이는 처음이다. 방문한 적이 있는 곳은 반가움으로, 처음인 곳은 호기심으로 들뜨게 한다. 특히 남태평양의 중심지인 피지와 태평양의 중심지인 하와이는 그 어떤 곳보다 많은 스토리를 지니고 있다. 여행은 낯선 세상과의 만남이다. 그래서 늘 설렌다. 함정이 항구에 가까이 갈수록 새로이 등장할 장면에 흥분은 감출 수 없이 더 커진다.

　최종 목적지로 가는 도중에 잠시 들르는 항구가 기항지이지만, 순항훈련에서의 기항은 항해 중 잠시 살짝 거쳐 가는 곳의 의미를 훨씬 넘어선다. 태평양 항해 가운데 기항지에서 얻은 경험과 교훈을 빼놓을 수 없다.

시드니에서 국가의 품격을

호주 하면 무엇이 떠오르는가? 대답은 대체로 몇 가지로 좁혀진다. 오페라 하우스, 캥거루, 코알라. 그중 으뜸은 단연 오페라 하우스다. 오페라 하우스를 뺀 시드니를 생각할 순 없다. 특히 오페라 하우스는 많은 사연을 갖고 있는 세계적인 건축이다. 세계적 반열에 오른 건축치고 자기 스토리를 가지고 있지 않은 건축이 있겠냐마는 현대 건축에서 시드니의 오페라 하우스만큼은 아닐 것이다. 젊은 무명의 덴마크 건축가의 기발한 발상이 건축 공학은 물론이고 건축 미학까지 흔들어 놓았다. 오랜 기간 건축 공법, 비용, 재료는 물론이고 여론과 정치까지 얽히는 우여곡절을 거치며 완성되었다.

설계 단계부터 기발하였다. 1956년 호주 뉴사우스웰즈 주정부가 국제공모전을 실시하며 매우 흥미롭게도 설계상의 한계나 비용 한도를 설정하지 않았다. 파격적으로 젊은 무명 건축가인 덴마크의 예른 웃손의 작품이 선정된다. 상상력 하나로 선정되었다고 보는 것이 정확하다. 공모전에 제출된 도면은 개략적이었고, 설계비용도 완벽하게 산출되지 않았다. 그의 설계는 전례가 없는 급진적인 건축 형태였다. 유명한 조개 모양의 지붕과 둥근 천장 구조 설계를 완성하는 데 무려 8년이나 소요되었고 조개 모양의 특수 세라믹 타일을 개발하기까지 3년 이상 걸렸다. 당시의 건축 공법으로는 제작하기 불가능한 구조였다.

공사비는 천문학적으로 상승하였고, 건축가에 대한 호주 내의 비판은 커져만 갔다. 결국 그는 건축 과정에서 호주내의 강한 비판으로 인해 자기 모국인 덴마크로 떠났고, 준공식에도 참석하지 않았으며, 이후로도 오페라 하우스를 보러 오지 않았다고 한다. 그는 나중에 오페라 하우스의 건축가의 명성으로 건축의 노벨상이라 불리는 프리츠커상을 받는다.

예정된 기간보다 훨씬 긴 16년이 걸렸고, 처음 예산보다 10배를 초과했다. 그런데 재미있는 것은 개관 1년 만에 건축 비용을 완전히 회수했다고 한다. 한 청년 건축가의 상상력이 오페라 하우스를 만들었고, 그 오페라 하우스가 오늘의 시드니를 만들었다 하여도 과언이 아니다. 오페라 하우스를 뺀 시드니, 호주를 상상할 수 없을 것이다. 오페라 하우스가 시드니 시민은 물론이고 더 넓게 호주인의 삶을 통째로 바꾸었다고 해도 크게 틀린 말이 아니다. 국가의 상징은 이런 것이다.

시드니항을 배경으로 선상에서 찍은 사진

시드니 해군기지에서 호주 해군의 사열을 받으며 입항하는 한산도함

누군가가 호주 방문에서 무엇이 가장 인상적이었냐고 물으면 물론 세계적인 보편 가치를 담고 있는 오페라 하우스를 1순위로 꼽겠지만 그다음으로는 시드니 무어파크에 있는 한국전쟁참전비를 꼽고 싶다. 앞에서도 잠시 이 참전비에 대해 언급했지만, 대부분은 이게 무슨 얘기냐고 갸우뚱할 것이 분명하다. 우리에게 잘 알려져 있지 않은 이야기다. 사연은 이러하다.

한국전쟁에 참전한 호주 군인은 용맹하기로 정평이 나있다. 호주는 한국전에 총 17,164명의 육·해·공군을 파병했고, 이는 미국과 영국에 이어 세 번째로 많은 병력이다. 339명이 전사하였다. 호주 시드니 한국전쟁참전비에는 호주 장병들이 가장 치열하게 싸웠던 경기도 가평에서 가져온 큼지막한 직육면체의 화강암이 헌화대로 놓여 있다. 실제로 호주 전역 곳곳에 가평이란 지명을 자주 볼 수 있다. 가평 전투는 한국전쟁 당시 위대한 전투 중의 하나로 기록된다. 5배나 많은 중공군과 맞붙어 승리를 이끄는 데 호주 3대대의 역할이 컸던 것으로 전쟁사는 기록하고 있다.

시드니 한국전쟁참전비는 흔히 보게 되는 참전비와는 사뭇 다르다. 호주군이 한국 전쟁에서 참여했던, 즉 밟았던 모든 지명이 바닥에 새겨져 있고 지명 표지목이 세워져 있다. 두 헌화대가 일정한 거리를 두고 떨어져 있다. 그냥 디자인이 그렇구나 하며 넘어갈 수도 있지만 의미를 알고 보면 더 큰 감동을 느낄 수 있

시드니 한국전쟁참전기념비 전경

다. 지금은 두 헌화대가 떨어져 있지만 남·북한이 통일하면 나란히 붙여 놓으려고 한다는 것이다. 다른 나라의 아픔을 공감하는 호주의 품위 있는 인문학적 사고에 감동하지 않을 수 없다. 그들에게는 먼 외국일 우리의 통일을 기원하는 마음과 이를 헌화대로 형상화한 그들의 상상력에 감복하지 않을 수 없다. 국가의 품격이란 이런 것이구나 단박에 느낄 수 있다.

헌화하고 나면 그다음으로 추모시 낭독이 이어진다. 전형적인 호주 카키색 제복을 입은 군인이 마치 계관 시인처럼 운율을 타며 시를 읊는다. 영국 시인, 로렌스 빈연Laurence Binyon의 〈For the Fallen〉이다. 시의 한 구절은 이렇다.

They shall grow not old, as we that are left grow old; Age shall not weary them, nor the years condemn. At the going down of the sun and in the morning We will remember them.

그들은 우리가 늙어가는 것처럼 늙지 않을 것이다. 나이가 그들을 지치게 하지 못할 것이며 세월이 그들을 비난하지 못할 것이다. 해가 지고 아침에도 우리는 그들을 기억할 것이다.

국가가 갖추어야 할 상상력과 품격이 이 정도는 되어야 하는 것이 아닌가 생각한다. 호주를 다시 본다. 나는 지금부터 시드니 하면 오페라 하우스 못지않게 한국전쟁참전비를 꼽으려고 한다. 시드니를 방문하는 사람들한테 반나절 정도라도 여유 시간이 있다면 조금 번거롭더라도 꼭 무어파크에 있는 한국전쟁참전비를 꼭 방문해 보라고 권하려 한다.

호주는 세계에서 여섯 번째로 땅덩어리가 큰 나라다. 가장 큰 섬나라이며, 한 대륙을 이루는 유일한 섬이다. 외형적 스케일이 있다. 외형적 스케일만큼이나 다른 나라의 아픔에 대한 공감이 크다. 그리고 희망을 얘기한다. 시드니에서 국가의 품격을 다시 생각한다. 공감이 만들어내는 국가의 품격 말이다.

오클랜드에서 연민의 연가를

뉴질랜드의 민요로 우리에게 많이 알려진 곡이 있다. 〈포카레카레 아나Pokarekare Ana〉다. 우리에게는 〈연가〉로 번안되었다. 많은 이에게 친숙하게 느껴질, "비바람이 치던 바다"라는 가사로 시작하는 곡이다.

뉴질랜드 원주민인 마오리족의 애잔한 사랑 노래이며, 한국전쟁에 참전한 뉴질랜드군을 통해 우리에게 소개되어 인기를 얻은 것으로 알려져 있다. 뉴질랜드에서는 중요한 행사나 뜻깊은 상황에는 꼭 부를 정도로 뉴질랜드 국민의 깊은 정서를 담고 있는 노래다. 뉴질랜드의 세계적으로 유명한 소프라노 키리 테 카나와Kiri Te Kanawa가 불러 더 널리 알려진 노래다. 마오리족의 후손인 카나와는 연가의 정수를 보여 준다.

지금도 그 광경이 생생하고 아른거린다. 우리 순항훈련단이 뉴질랜드에서 3일의 일정을 마치고 오클랜드항에서 조금씩 벗어나려는 차에 우리 함정을 향해 2개의 태극기가 저편 언덕 위에서 크게 흔들렸다. 감동적인 장면이 마웅고익Maungauik 언덕에서 펼쳐졌다. 오클랜드항을 벗어나 태평양으로 향하는 우리 함정을 향해 높은 언덕 위에서 태극기를 하염없이 흔드는 모습이 지금도 선명하게 그려진다. 태평양으로 나가는 협수로 3분의 2 지점을 통과할 즈음 좌현 언덕에서 해군 선배들께서 신속하게 대형태극기 2개를 흔들어주셨다. 함정에서 포성 1발로 환송에 대한 예우의 인사를 드린다.

이날 나의 선상 일기에는 이렇게 적혀 있다.

11월 12일(토) 오클랜드를 떠나며. 맑다가 흐림
오전 10시 오클랜드 데븐포트(Deven port) 뉴질랜드 해군기지에서 출항했다. 교민들의 환송을 받으며 대청함이 먼저 출발하고 이어 우리 한산도함이 함교에서 나오는 출항 명령에 따라 두 대의 예인선 도움으로 옆으로 서서히 움직인다. 부두에서는 태극기를 크게 흔들고 손을 흔들고 표정에는 주체할 수 없는 아쉬움이 그대로 묻어난다. 함상에는 승조원이 맨 앞줄에 서고 생도와 장교들이 경례로 감사와 존경의 마음을 표한다.

이어 '우리는 해군이다'로 시작하는 군가가 울려 퍼진다. 한참을 석별의 손 흔들기로 함정에서는 부두 쪽으로, 부두 쪽에서는 함정으로 아련한 거리만치 석별의 아쉬움이 이어진다.

우리 함정은 오클랜드항을 먼발치에 두고 엔진의 동력을 높인다. 그러다 갑자기 환호성이 터진다. 왼편 높은 언덕 위에, 어제 가본 해군박물관 뒷산 정상에서 큰 태극기 두 개가 펄럭이고 있다. 환송 나온 분들이 짧은 시간에 그곳으로 급히 이동하여 산으로 올라간 것이다. 헐떡이는 숨을 고르며 태극기를 흔드는 것으로 그려진다. 우리를 더 오래 보고 싶다는 마음이 그대로 전해진다.

함정에서 출항 마무리를 하는 장병들이 답례를 한다. 거리가 멀리 떨어져 있기에 더 큰 동작으로 손을 흔드는 장병이 있는가 하면 한 장교는 흰색 작업모를 크게 올렸다 내렸다 한다. 멀리서 잘 보이라고 말이다. 애틋한 정이다. 오클랜드에 4박 5일 있으며 여러 번 만난 끈끈함을 이렇게 표현하고 싶어 하는 마음을 십분 이해한다. 아련함을 뒤로하고 우리 한산도함은 본격적으로 태평양의 본류를 향해 속도를 낸다.

이들은 우리 함정이 수평선 저편으로 사라질 때까지 시선을 놓지 않고 완전히 사라질 때쯤 언덕을 내려가며 아주 느린 템포로 〈연가〉를 부르며 눈물을 적시었을 것이다. 나도 작은 목소리로 〈연가〉를 부른다. 아주 느리게 느리게. 비바람이 치던 바다 잔잔해져 오면 ….

오클랜드 교민들의 모습에는 조국을 향한 사랑과 해군을 향한 애틋한 정이 듬뿍 담겨 있다. 오클랜드에는 다른 도시에 비해 퇴역

오클랜드항 언덕 위에서 대형 태극기를 흔드는 뉴질랜드 교민의 환송에
아쉬움과 고마운 마음으로 답례하는 승조원들.

해군 장교 출신이 많다. 퇴역 이후 여기로 이민 온 것이다. 순항훈련함의 이곳 방문은 자신들의 젊었을 때 모습을 다시 보는 시간이었을 것이다. 그리고 세계 최고 수준의 교육훈련함을 보고 조국에 대한 그리움과 자랑스러움이 더 큰 감회로 다가왔을 것이다.

다른 기항지에서도 교민들의 환영이 뜨거웠다. 특히 오클랜드에서는 교민들이 초청하는 행사가 많았다. 활동을 하며 며칠을 함께 보내자 생도들과 교민들도 정이 많이 들었다. 그때의 광경을 떠올리면 지금도 코끝이 시큰하다. 이들의 깊은 속정을 어떻게라도 표현하고 싶다. 그분들은 시야에 들어오지 않는 함정을 떠나보내고 산 위에서 터벅터벅 걸어 내려오며 하염없는 눈물을 흘렸을 것이다.

우리 함정이 기항한 데븐포트 동네도 정감이 있다. 분위기 좋은 고즈넉한 동네다. 〈연가〉의 분위기와도 어울리는 동네다. 여기의 작은 언덕, 해발 87미터 마운트 빅토리아에 오르면 오클랜드 도시 전경과 하버브리지의 전망까지 한눈에 들어온다. 오클랜드에서 가장 전망이 좋은 곳이라고 한다. 오클랜드 다운타운 페리 터미널에서 페리를 타면 편하게 갔다 올 수 있다. 20분 정도 소요되고 30분에 한 번씩 페리가 다닌다.

좋은 동네에는 맛집이 있기 마련이다. 이 동네의 'The Post Office'를 추천한다. 전혀 식당 이름 같지 않다. 우체국이 아니고 프렌치 레스토랑이다. 전에 이 건물이 우체국이었고 아직도 그 간판을 그대로 쓴다는 것이다. 언뜻 보면 그냥 지나칠 수 있다. 우체국이란 이름과 간판을 그대로 사용하는 기발한 발상이 마음과 발길을 이끈다. 브런치 메뉴가 좋다. 오후 3시에 문을 닫는다. 자유 시간에 직접 경험한 곳이다. 오클랜드에서 경험했던 연민의 〈연가〉와 결이 같은 동네이고 식당이다.

수바에서 일상의 행복을

피지의 트레이드마크는 'Pure Fiji'다. 'Pure', 순수를 국가의 이미지로 삼고 있다. 무엇이 있기에 Pure를 최상위의 가치로 놓고 있는지 궁금하다. 피지에서 생산하는 상품 중에서 세계적으로 가장 많이 알려진 하이엔드 제품이 Pure Fiji 생수다. 이를테면 유명한 에비앙 물보다 훨씬 비싼 가격에 판매된다.

피지는 남태평양 총 14개국 중에서 중심 국가의 위상을 지니고 있다. 남태평양 조업의 중심지다. 원양어업의 전진기지로 유명하다. 많은 어업 선박이 정박하는 곳이다. 지리적으로 330여 개의 섬으로 이뤄져 있고, 200여 개 섬은 무인도이며 아직도 산호와 야자수가 가득한 원시 자연이 숨 쉬고 있다.

사실 피지는 하나의 국가로서 존재를 인식하기 훨씬 전에 피지의 유명한 전래 민요로 우리에게 다가왔다. 이별의 슬픔과 재

회를 기원하는 피지인의 노래인 〈이사 레이 Isa Lei〉다. 이사 레이
는 피지를 떠날 때 주민들이 모두 모여 함께 손을 잡고 불러주는
노래이기도 하다. 이들의 정서가 담긴 구전 민요다. 마치 우리의
〈아리랑〉과 흡사하다. 가사 또한 멜로디처럼 아름답다.

가수 윤형주가 〈우리들의 이야기〉로 번안하여 불렀다. 당시
함께 불렸던 세시봉들의 단골 곡이기도 했다. 1970년대 히트한
노래지만 음은 여전히 친숙하다. 따라 부르며 흥얼거리기에 참
좋은 노래다. 그 당시 한국 대학가의 낭만과 함께한 노래다. 물론
이 노래가 유행하고 특히 대학가에서 많이들 따라 불렀지만 곡
의 원적지가 피지라는 사실을 알아차린 사람은 몇 안 될 것이다.

피지에서 전 국민의 마음을 사로잡는 그야말로 '국민적'이라
는 형용사가 붙는 것은 남태평양의 이미지와는 사뭇 다른 느낌
을 주는 7인조 럭비다. 우람한 체격에 민첩한 움직임을 바탕으
로 하는 역동적인 경기다. 피지는 이 종목에서 세계 최강이다.
2016년 리우 올림픽과 2022년 도쿄 올림픽에서 2회 연속 금메
달 기록을 가지고 있다. 리우 올림픽에서의 금메달은 피지의 올
림픽 역사상 첫 금메달이다. 이어지는 도쿄 올림픽에서의 금메
달은 7인조 럭비를 반석에 올려놓은 금자탑 같은 기록이다. 이
쯤 되면 7인조 럭비에 대한 피지인의 자부심이 어느 정도일지
어렵지 않게 짐작할 수 있다. 두 차례 연속으로 금메달을 따낸

피지의 7달러 지폐

기념으로 지폐를 발행하기도 했다. 지폐에는 7인조 럭비대회에서 우승컵을 번쩍 들고 있는 힘찬 선수들의 모습이 환하게 인쇄되어 있다. 7달러 지폐다. 아마 7을 화폐 단위로 가지고 있는 나라는 지구상 모든 나라를 통틀어 피지가 유일무이할 것이다.

7달러 지폐, 7인조 럭비, 피지 국민들만큼 럭키 세븐의 의미를 일상 속에서 느끼는 국민도 없을 것이다. 7은 행복의 또 다른 사회적 표현이다. 서양인들이 좋아하는 럭키 세븐Lucky Seven은 기독교적 개념이다. 그러나 피지인들이 좋아하는 까닭은 종교적인 의미가 아닌 생활 그 자체다. 종종 피지를 낙원의 부활이라고도 하는 까닭도 이러한 데서 비롯한다. 행복은 경제적 풍요와는 다르다는 평범한 진리를 이곳에서 찾아본다.

피지에는 천국을 의미하는 단어가 15개나 있다고 한다. 각 단어가 무엇을 의미하는지는 열린 질문으로 두어야 할 것이다.

일상에서 찾아내는 행복의 이야기로 읽힌다. 짧은 방문에 피지인들이 깊게 간직하고 있는 마음의 습속을 내밀하게 이해하기란 불가능하다.

　아쉽게도 수바항에서는 하루만 있었다. 그것도 수바항의 정박 사정이 깔끔하게 정리되지 않아 항구에 기항하지 못하고 바다에 정박하였다. 색다른 경험이었다. 닻을 바다에 내리는 투묘投錨를 했다. 엄청난 무게의 앵커를 바다 밑바닥까지 내리고 함정을 고정시킨다. 조류에 밀려가지 못하게 적당한 무게와 방향을 잡는 일이 결코 간단치 않다. 멀찌감치 바다에서 보는 수바항구의 밤 풍경과 불빛은 그들의 소박한 일상의 행복과 겹친다.

피지 수바항의 전경

하와이 진주만에서 역사와의 대화를

피지 수바항에서 하와이 오아후섬 호놀룰루 진주만까지 9일 동안의 항해는 순한 파도와 거친 파도가 어떤 것인지를 경험한 시간이었다. 4.5미터의 함수 파도를 받으며 항해하는 것은 그간의 순항 기간 중 가장 고된 시간이었다. 롤링과 피칭을 심하게 경험하고는 속으로 중얼거렸다. 그러면 그렇지 태평양의 항해가 그리 잔잔한 파도만으로 이루어지겠어, 하면서 말이다. 특히 예상되는 주변 날씨의 변동을 고려하여 속력의 완급을 조절하였다는 숙련된 함장의 얘기를 듣고는 진주만으로의 입항이 더 반가웠고 감격스러웠다.

하와이 오아후섬 호놀룰루로의 입항은 다른 항구보다도 유독 멀리서 망원경의 줌을 서서히 좁혀 들어가는 느낌이다. 먼 바다에서 본 호놀룰루는 높은 산이 병풍처럼 포근히 감싸고 있었다. 도시 전체를 포근히 안고 있는 형상이다. 그리고는 화산지대 특

예인선의 안내를 받으며 미국 태평양 함대사령부 해군기지로 입항하는 한산도함

유의 비스듬한 구릉으로 내려오는 중간 산자락이 넓게 펼쳐지고 바로 그 아래로 바다 방향으로 세련된 디자인의 흰색 주택이 한 폭의 그림처럼 즐비했다. 더 아래의 해변 가까이에는 해안을 따라 큰 건물이 이어지면서 세계적인 휴양 도시의 풍모를 보인다. 배를 타고 도착하는 낭만의 도시로서 호놀룰루만 한 데가 있을까 싶다.

하와이는 우리에게 특별한 의미가 있다. 한국 근대사의 질곡을 고스란히 안고 있는 곳이다. 제물포에서 이민선을 타고 태평양으로 향했던 한인이 처음 정착한 곳이 하와이다. 1903년 하와이 호놀룰루항에 102명이 도착하였다. 한인의 미국 이민 역사의 시작이다. 지금으로부터 120년 전의 일이다. 떠날 때 여권은 안타깝게도 일본이 발행한 여권이었으며, 하와이에 도착해서도 나라 잃은 국민으로서의 서러움은 이루 말할 수 없었다. 사탕수수밭에서 일하고 받은 품삯으로 교육이 독립의 근본이라고 믿으며 학교를 만들어 후세의 교육에 주안을 두었다.

사탕수수밭에서 힘겨운 노동을 하면서도 나라를 독립시키려고 돈을 모았다. 상해임시정부에 독립을 위해 보낸 후원금은 더 놀랍다. 노예 수준의 저임금이었지만 상해임시정부에 독립자금을 보낸 기록에 의하면 임시정부 재정의 3분의 2를 차지하는 약 200만 달러를 보냈다니 조국의 독립을 염원했던 이들의 마음을 헤아릴 수 있다. 소박하고 차가운 삶이었지만 조국을 위한 헌신은 뜨거웠다.

그런데 120년의 이민 역사의 발원지이며 헤아릴 수 없을 정도로 많은 사연을 가지고 있음에도 하와이에 아직 이들의 이야기를 담아내는 기록으로서 한인 이민 역사박물관 하나 없다. 기록이 역사라고 아무리 주장한들 무슨 소용이 있겠는가.

함정은 진주만에 정박하였다. 이곳은 미국의 태평양 함대사령부 해군기지다. 예인선의 안내에 따라 입항한다. 들어가는 협로의 오른쪽에는 이지스함을 비롯하여 최첨단 함정들이, 왼쪽에는 핵잠수함들이 정박해 있다. 해군력의 상징임을 간결하게 보여준다. 진주만이 역사의 현장으로 불려나오는 것은 1941년 12월 7일 일요일 아침으로 거슬러 올라간다.

당시 진주만에 정박해 있던 애리조나호가 400킬로미터까지 접근한 일본 항공모함 6척에서 이륙한 일본 비행기의 공격을 받고 격침된다. 이곳에서 1,177명의 해군과 해병대 장병이 전사하였다. 미국은 이 배를 인양하지 않고 그대로 바다에 둔 채 바로 그 위에 추모 기념관을 세웠다. 부서진 상부구조를 제거하고 물에 잠긴 선체에 기념비를 제작하였다. 전 세계에서 유일하게 바다 위에 떠 있는 해상 기념관이다. 지금도 바다 밑에 침몰한 애리조나호의 기름 탱크에서 기름이 유출된다. 기름 한 방울이 바

기억해야 할 역사의 현장으로 여겨지는 진주만의 기름방울

다 위로 떠올라 와서는 몇 십초 동안 퍼지고 없어지고 하는 현상을 반복한다. 대략 1분에 1번 정도로 기름방울이 떠오른다. 환경을 둘러싸고 논쟁이 있지만 역사에 대한 기억이라는 주장을 넘어서지는 못한다.

그 뒤로 퇴역한 전함 미주리호가 정박해 있다. 미주리호는 제2차 세계대전 말에 건조되어 곧바로 일본과의 전쟁에 투입되었다. 대함거포주의 시대를 상징하는 전형적인 함정이다. 미주리호는 1945년 일본 도쿄만에서 미국의 맥아더 장군과 니이츠 제독이 일본으로부터 항복 문서를 받은 역사의 한 장을 채우는 함정이다. 도쿄만은 1853년 미국 페리 제독이 흑선을 타고 와서

대각으로 구도가 잡힌 애리조나호 기념관과 미주리호는 역사와의 대화를 재현한다.

일본의 개항을 압박했던 그곳이다. 이후 한국전쟁에 참전한다. 한국전쟁 후 퇴역하였다가 현대식 무기와 장비로 재무장해 재취역했다. 그리고 1991년 걸프전에서 전공을 세우고 퇴역하여 지금은 진주만 기념관으로 전시 중이다. 애리조나호 기념관과 미주리호가 대각선의 구도로 자리 잡고 있다. 묘하게 겹친다. 애리조나호가 전쟁의 시작이었다면 미주리호는 전쟁의 끝이다.

역사는 기억이다. 어떻게 기억하느냐에 따라 다음 세대의 운명이 달라진다. 역사란 꼭 같이 반복하지는 않지만 비슷하게 나타나기 때문이다. 역사는 헐겁게 기억되기도 하고 촘촘하게 기억되기도 한다. 진주만의 역사는 촘촘하게 기억되고 있다. 전쟁의 시작과 끝을 하나의 공간 안에서 대조를 시켜놓는다. 역사가 촘촘할 수밖에 없다. 역사는 어떻게 기억하고 대화하느냐가 중요하다. 하와이 진주만에서 역사와의 대화를 어떻게 해야 하는지를 본다.

해양국가로의 길

바다에서 미래를

8장

바다에 대한 한국인의 '마음의 습속'

바다와 배에는 유난히 한국적 정서가 많이 담겨 있다. 바다와 배가 의식적·무의식적으로 우리의 일상에 깊숙이 들어와 있다는 얘기다. 위기, 도전, 기회, 희망을 얘기할 때 어김없이 바다와 배를 우리의 일상 언어로 사용하곤 한다. 이를테면 함께 또는 다 같이 강조할 때 '우리는 한배를 탔다'고 한다. 그것이 위기 상황이든 기회의 상황이든 상관없이 말이다. 새로운 정부가 탄생하면 배를 칭하는 '대한민국호'가 출범했다고 하며, 최고책임자를 대한민국을 이끌 '선장'이라고 칭한다.

비단 국가뿐만 아니라 기업이나 어떤 조직이 출범할 때도 이끌어갈 리더를 종종 선장에 비유하곤 한다. 배가 함축하는 한국적 정서가 큰 것은 물론이고 바다가 우리의 삶 안에 깊숙이 들어와 있음을 뜻한다. 다시 말해 바다와 배에는 한국인의 정서가 물씬 그것도 깊게 묻어 있다. 한국은 바다의 언어를 사용한다 해도 크게 틀린 말이 아니다.

2022년 대한민국호는 새 선장이 키를 잡고 새 항로를 찾아 나섰습니다. 뱃길은 그러나 순탄치 않았습니다. 밖으로는, 고금리 고물가 고환율의 험악한 삼각 풍랑이 휘몰아쳤습니다. 안으로는, 조타실 주도권을 놓지 않으려는 힘겨루기가 끊이지 않았습니다. 지난 세월 온 선실을 둘로 갈라놓았던 대립과 반목도 수그러들 줄 몰랐습니다. (중략) 세계의 찬사와 부러움을 모았던 대한민국호는 또다시 기로에 섰습니다. 드넓은 대양으로 쾌속 항진하느냐, 길을 잃고 일엽편주로 떠도느냐는 갈림길에 섰습니다.

이것은 한 해를 보내는 방송국 뉴스 앵커의 멘트다.[19] 오늘의 한국 상황을 진단하는 짧은 한 단락에 바다와 배의 명시적 표현이 무려 열한 번이나 나온다. 첫줄, "대한민국호는 새 선장이 키를 잡고 새 항로를 찾아 나섰습니다."라는 표현은 우리가 바다의 언어를 어느 만큼이나 깊숙하게 사용하고 있는지를 보여주는 한 예이다.

대한민국호, 선장, 항로, 뱃길, 조타실 … 우린 이런 표현에 익숙하다. 말하는 입장이나 듣는 입장 모두 익숙하다. 새로운 일을 시작할 때 새로운 다짐을 할 때 '출항'이라 표현하는 것도 단순히 항구에서 출발한다는 사실적 의미를 훨씬 넘어선 진중한 의지가 담겨 있다. 출항에는 앞으로 닥쳐올 예측하기 어려운 상황에 대한 철저한 준비와 바다가 지닌 상상 이상의 가치를 향한 기대가 담겨 있다. 그런가 하면 위기상황에서 갈피를 못 잡는 상황을 '파도 앞 돛단배'라고 표현하기도 한다. 배에 함축된, 바다에서 묻어나는 한국적 정서가 얼마나 강한지 새삼 강조할 필요가 없다.

그런데도 이와는 대조적으로 바다에 대해 우리가 가지고 있는 마음의 습속habit of heart은 그리 적극적이거나 긍정적이지 않다. 마음의 습속이란 오랜 세월의 역사·문화적 환경 속에서 누적되고 축적되어 쌓여온 것으로 좀처럼 변하지 않는 가치, 규범, 태도, 실천, 생활양식을 의미한다. 이것은 사회를 움직이는 원리나 실상을 지속적이며 관행적으로 작동시키는 것으로 사회에 깊숙이 내재하고 있다. 구성원의 의식과 행위를 구속하고 추동하는 힘의 자기장 같은 역할을 수행하는 것으로서 사회의 지속은 물론이고 변화에 미치는 효과 역시 지대하다.[20]

바다에 대한 한국인의 내면에 깊숙이 자리 잡은 마음의 습속은 수세적이고 위축적이며 회피적이고 방어적인 성향이 매우 강하다. 한국인은 바다의 언어를 사용한다고 표현할 수 있을 정도임에도 정작 바다에 대한 한국인의 마음의 습속은 긍정적이지도 적극적이지도 않다. 왜 그런지에 대한 의문을 갖지 않을 수 없다. 바다를 경원시하는 까닭 같은 것 말이다.

그 이유로는 역사적으로 우리에게 바다는 외부세력들의 침략 발판으로 인식된 측면이 강하다는 점을 들 수 있다. 우리에게 바다는 방어의 영역, 지키는 영역으로 각인되어 있다. 대륙과 해양을 모두 갖춘 반도 국가임에도 불구하고 바다를 통한 개방적이고 유연하며 동시에 확장적인 지정학적 사고와 기질을 만들어내지 못했다. 우리의 바다 역사는 삼면으로 활짝 열려 있다기보다는 삼면으로 갇혀 있었다. 열린 바다에 대해 소극적이며 수세적이며 위축적인 이유다.

육지와 바다의 문명을, 대륙과 해양의 문명을 모두 유연하게 품으며 세계 역사에서 큰 획을 그은 모습을 볼 필요가 있다. 거친 바다가 분명 삶과 죽음을 가르는 두려움의 존재이었음에도 이들은 끊임없이 바다로 나갔다. 유럽의 대항해 시대 때 출항하여 돌아온 배보다 돌아오지 못한 배가 훨씬 더 많았다고 한다. 위험 부담이 컸음에도 불구하고 이들은 바다를 두려움으로 인한 회피의 피신처로 가두어두지 않았다. 적극적인 개척지로 생각하였다.

한국은 역사적으로 해양국가보다는 대륙국가로의 지정학적 지향성을 오랜 기간 견지하였다. 새로운 문명의 통로는 물론이고 외압의 통로도 대부분 대륙에서 비롯하였다. 이런 연유로 대륙국가와의 교류와 생존 방식에 익숙했던 것이 사실이다.

그뿐만 아니라 바다를 경원시하는 사회문화적 성격도 바다를 방어적으로 인식하는 데 크게 영향을 미쳤다. 어업에 대한 낮은 직업관도 한국인의 마음의 습속과 궤를 같이한다. 바다에서의 생업은 위세가 낮은 직업으로 여겨졌고 위험과 불확실성으로 각인되었다. 바다는 늘 검푸른 것으로 두려움의 대상이었고 생사를 가르는 위협으로 인식되었다. 바다를 통해 성공한 경험이 없다고 생각하기에 방어해야 하는 무엇으로 여기고 있었다.

이러다 보니 육지 끝에서 시작하는 바다는 열린 길이라기보다는 꽉 막힌 장벽 혹은 꽉 틀어막아야 하는 방어선으로 다가왔다. 바다를 통해 꿈을 확장해 보겠다는 생각이 들어서기 어려웠다. 이렇게 바다는 한국인에게 방어의 영역으로 마음의 습속 깊게 각인됐다.

당당하고 가슴 벅차게 부르는 〈해군가〉도 그렇다. 군가는 이렇게 시작한다. "우리는 해군이다 바다의 방패." 최고의 방어가 최고의 공격이고 방패가 곧 창임을 이해 못 하는 바는 아니지만, 방패가 주는 이미지는 분명하다. 바다를 외부세력으로부터 막아야 하는 영역으로 인식하고 있다는 말이다.

그 어느 때보다 확장하는 해양력의 중요성이 드러나지만 이에 대한 나라 전체의 인식은 그리 넉넉하지 않다. 실제로 해양력의 일차적 담지자인 해군의 위상도 수행하고 있는 막중한 역할과 책무와 비교하면 상대적으로 높지 않다.

바다의 언어를 사용하고 있는 나라에서 바다에 대한 소극적인 방어적이며 간혀 있는 마음의 습속은 일종의 디커플링decoupling, 부정합 현상이다. 바다에서 미래를 찾아 나서는 일은 바다에 대한 수세적이고 소극적이며 방어적인 마음의 습속을 바꾸는 데부터 시작해야 한다. 방어의 바다에 간힌 한국인의 습속에 대한 도전이 시대적 과제로 요청된다.

블루 이코노미:
지속가능과 새로운 경제 가치

근자에 들어 해양이 '블루 이코노미Blue Economy'의 이름으로 새롭게 등장하고 있다. 블루 이코노미가 새로운 영역으로 부상하는 데는 두 가지 메시지가 담겨 있다. 하나는 지속가능의 담보이고, 다른 하나는 새로운 경제 가치의 창출이다. 정리하면 바다에는 시대가 요청하는 사회적 가치와 경제산업적 가치가 담겨 있다는 것이다.

'블루 이코노미'라는 용어는 상대적으로 최근에 등장하였다. 2012년 브라질 리우데자네이루에서 개최된 유엔 지속가능발전회의에서 처음 언급되었다. 당시에는 명확한 정의가 없었지만 '해양환경의 개발 및 보존과 연결된 경제용어' 정도로 이해되었다.[21] 이어 2017년 세계은행World Bank은 블루 이코노미를 해양 생태계의 건강을 유지하면서 생계를 개선하고 경제 성장을 위해 해양자원을 지속 가능한 방식으로 사용하는 경제·사회체계라고 규정한다.[22] 바다를 통해 경제 성장과 환경 보호를 도모하겠다는 개념이다. 블루 이코노미의 핵심은 이 시대가 요청하는 지속 가능 해양경제라 할 수 있다.

환경 문제뿐만 아니라 물자수송과 자원 및 식량과 같은 산업 경제적 측면에서도 바다의 중요성이나 역할이 더 커진다. 산업 경제적 지표는 전 세계 물자수송의 약 80%가 해상을 통해 이루어진다는 사실만으로도 더 이상 설명할 필요가 없다. 바다가 경제 교류의 절대치를 차지하는 동맥인 셈이다.

바다는 세계 산소의 절반 이상을 생산하는 것으로 추산되며, 지구 생명의 80%가 서식하는 생명의 보고다. 바다는 현재 연간 약 70~80억 톤의 이산화탄소를 격리하고 있다. 이는 전 세계에 있는 숲이 격리하는 이산화탄소의 양과 비슷한 수준이다.[23] 바다가 환경 보호 측면에서 담당하는 역할이 어느 정도인지를 단적으로 보여 준다.

지속가능성의 이슈가 어제오늘의 얘기는 아니지만, 급속한 지구 온난화로 인한 극단적인 기후변화의 진행 속에서 절박한 사회규범이자 실천으로 등장하고 있다. 지속가능성이란 과거와 현재의 대화를 바탕으로 현재와 미래가 다짐하는 약속이다. 지속가능성은 지난 세대와 지금 세대와 다음 세대가 동일 선상에 함께 존재하는 통시적 개념이자 통공간적 개념이다. 이러하기에 지속가능성에는 어제에 대한 기억과 오늘에 대한 성찰과 내일에 대한 희망이 담겨 있다.[24] 오늘날 해양을 둘러싼 과거와 현재와 미래를 담아내는 대화와 약속을 블루 이코노미가 마주하고 있는 것이다.

블루 이코노미의 의미는 아직 모두가 합의할 만큼 명확하지는 않으나 바다의 경제적 측면에만 주목했던 기존의 해양경제 Ocean Economy와는 상당한 차별점이 있는 것만은 분명하다. 지속가능한 해양 기반 경제의 메시지가 분명하게 내포되어 있다. 유엔은 블루 이코노미를 구체적으로 "인간 복지와 사회 평등의 개선을 목표로 하며 동시에 환경오염이나 생태계 파괴에 대한 위험을 크게 줄이려는 해양경제"라고 설명한다.[25] 이는 유엔의 지속가능발전 목표 UN's Sustainable Development Goals 17로 연결되면서 탄력을 받았다.

유엔은 2015년 9월에 지구가 2030년까지 달성해야 할 목표 17개를 선정하고, 14번째 목표로 '해양생태계 보존'을 주목하였고 '지속가능발전을 위한 대양, 바다, 해양자원의 보존과 지속가능한 이용'이라고 부연 설명을 붙였다. 여기에는 해양이 심각한 파괴 위협을 받고 있으며, 경제 이익은 환경 악화에 대한 대가로 이뤄지고 있음을 전제하는 것이다.

이러한 문제의식을 바탕으로 14번의 목표를 달성하기 위해 블루 이코노미가 필요하다고 규정한다. "해양생태계는 건강할 때 더 생산적"이라는 슬로건으로 지속가능성과 경제성장이 상호 충돌하는 개념이 아님을 강조한다. 이러한 새로운 의제 설정은 유엔이 선도하면서 상당한 무게감과 공신력이 실리게 되었으며, 이후 여러 국제관련 기구들에서 같은 맥락의 논의들이 등장한다.

블루 이코노미는 해양생태계를 보호하고 해양자원의 잠재력을 환경친화적으로 이용함으로써 지속가능한 발전을 실현하는 체계적 수준의 변화 의미를 담고 있다. 요컨대 해양기반의 지속가능한 발전을 의미한다. 해양경제를 구성하는 해양레저관광, 수산업, 해운항만업, 해양환경 보호, 해양자원 등을 공동으로 포함한다.

오늘날 전 세계 해양 및 수자원 보호를 위한 전략들이 빠른 속도로 대중화되어 가고 있다. 대중화되고 있다는 것은 각국 정부가 블루 이코노미의 가능성에 눈을 돌리고 있음을 의미하며, 기업 역시 많은 관심과 함께 적극적인 청사진을 제시하고 있다는 얘기다. 블루 이코노미 중장기 전략계획을 수립하는 것은 물론이고, 구체적으로 바다를 보호하는 방법을 모색하며 해양자원에 의존하는 지역 사회의 발전을 위한 프로그램 개발이라는 간단치 않은 과제들을 찾아 나서고 있다. 이를 위한 대중 홍보나 공공 광고도 적극적으로 시작했다.

블루 이코노미는 시작 단계다. 아직 블루 이코노미와 관련한 정책적 연구 프레임이 확립되지 않았고 주요 이해관계자의 역할도 모호하다. 향후 블루 이코노미의 성장을 위해서는 각 지속가능개발 목표의 주요 이해관계자와 행위자 간의 갈등을 최소화하고 상호의 기대를 충족하는 것이 필요하다.[26] 그러나 분명한 것은 바다의 숨겨진 잠재력은 수치화하기 어려울 정도로 무한하다. 바다의 잠재력을 활용하여 지속가능한 미래를 구현하는 것이 시대적 과제임을 놓쳐서는 안 될 것이다. 바다가 블루 이코노미의 이름으로 이 시대 지속가능성의 핵심 의제를 갖고 있다.

방어의 바다에서
확장의 바다로

한국 현대사의 발전은 바다를 통한 외부지향과 궤를 같이한다. 기적과 같은 한국의 경제 번영은 무역과 바다를 적극적으로 활용한 결과이다. 한국은 제조업이 강한 통상국가이며 고립되어서는 살 수 없다.

통상국가의 대표적인 상징으로 여겨지는 자유무역협정FTA은 한국을 선진국의 대열에 합류시킨 기폭제 역할을 했다. 2004년 칠레와의 협정 체결 이후 2023년까지 미국, EU 등 59개 국가와 협력을 맺었다. 국내총생산에서 수출입이 차지하는 비중은 세계 10대 경제대국 중에서 가장 크다. 2023년 통계에 따르면 세계 6위 무역국이다.

한국의 무역 물동량의 대부분은 바다를 통해 이루어진다. 99.7%다. 절대적인 수치다. 방어의 바다에서 확장의 바다로 나아가야 할 배경이자 바다와 친숙해야 할 현실적 이유의 하나다.

바다와 친숙해야 할 더 큰 까닭은 바다가 상상 이상의 가치를 지니고 있기 때문이다. 지금까지 바다의 가치는 수송, 수산업, 조선 선박, 레저관광을 비롯한 물 위의 보이는 것이었다면 앞으로의 가치는 물 아래의 보이지 않는 무궁무진한 가능성의 자원까지를 포함한다.

다른 나라에 위협을 안 주고 뻗어나갈 수 있는 영역은 공해公海 뿐이다. 지구 면적의 70%를 차지하는 바다의 3분의 2는 공해 영역이다. 바다는 1%밖에 개발되지 않았다고 한다. 태평양 바다 색깔만큼이나 진한 블루오션이다. 해양의 상상력을 무한히 강조하는 까닭이다. 바다를 향해 사고를 제약했던 마음의 습속을 과감히 떨쳐버리며 열린 꿈을 크게 꿔볼 때인 것을 강조하는 이유이기도 하다.

공해는 법적으로 어느 국가의 주권도 미치지 못하며 모든 해로는 이론상 무방비 상태에 노출되어 있다. 언제라도 안정과 안전이 훼손당할 수 있다. 역사를 돌아보면 알 수 있듯이, 향후 영해를 안전하게 활용하는 현실적인 힘의 구축이 필요하다.

로마인의 경구처럼 바다는 누구의 것도 아니다res nullius. 실제로 바다의 경계는 모호하다. 경계가 모호한 만큼 바다는 분쟁의 소지가 많은 구조를 지니고 있다. 그러나 이것을 다른 각도에서 보면 어떻게 하느냐에 따라 가능성을 무한에 가깝게 확장할 수 있음의 다른 표현이다. 해양에 관한 국제법 기준은 있으나 같은 기준 속에서도 서로 다른 주장이 가능하다. 그러나 이를 규율하는 국제사회의 제도는 다른 국제법에 비해 상대적으로 느슨하고 약하다.

1제곱킬로미터의 국토를 가진 섬 국가는 이론적으로 육지 면적의 40만 배가 넘는 관할 해역을 가질 수 있다고 한다.[27] 우리나라의 관할 해역(영해, 배타적 경제수역, 대륙붕 등) 면적이 약 43.8만 제곱킬로미터로 국토 면적의 약 4.4배다. 바다의 개념이 들어오면 국토가 5배 이상으로 커진 셈이다. 바다를 통한 영역의 확장이다.

해양을 한국의 미래로 상상해 보아야 한다. 해양을 미래 청사진의 중심축으로 설정해야 한다는 것이다. 한국의 미래를 해양 국가에서 찾아야 하는 예견을 최남선과 이어령의 혜안에서 찾아본다.

우리는 이제 국토의 자연적 약속에 눈을 뜨고 역사적 사명에 정신을 차리고 또 우리 사회의 병들었던 원인을 바로 알고 우리 국민의 살게 될 방향을 옳게 깨달아서 국가 민족 백년대계의 든든한 기초를 놓아야 한다. ··· 바다를 안고 바다에 서고 바다와 더불어서 우리 국가 민족의 무궁한 장래를 개척함이야말로 태평양에 둘려 사는 우리 금후의 영광스러운 임무이다. ··· 누가 한국을 구원할 자이냐. 한국을 바다에 서는 나라로 일으키는 자가 그일 것이다.

해군에서 펴낸《한국해양사》에 실린 최남선의 서문이다. 70년 전의 글이다. 1954년의 글이다. 우연의 일치이지만 해군 순항훈련이 시작하는 1954년과 같은 해다. 이 글은 지금의 상황에서도 토씨 하나 바꾸지 않아도 될 만큼 적절하다. 최남선의 메시지는 이어령의 '우리는 왜 해양으로 나가야 하나'의 글에서 더 구체적인 메시지를 담으며 전개된다.

21세기 바다는 산업주의의 바다도, 물류의 바다도 아니고 개척의 바다가 되어야 한다. 바람직한 바다는 물류와 인류와 정보가 어우러지는 바다로 만들어야 한다. 문화주의 시대는 매력이 지배하는 시대이며, IT, BT의 바다, 문화의 바다가 되어야 한다. 우리나라 청소년들에게는 철학과 문화, 자원, 생명, 생활의 바다, 해양 문명을 배울 기회가 거의 없다. 새로운 BLUE OCEAN을 연 영국과 미국과 일본의 해양역사를 왜 가르치지 않는가.

이어령의 글[28]에는 바다를 개척해야 하고 해양 문명을 배워야 한다는 절박함이 물씬 묻어 있다. 바다가 품고 있는 잠재력은 무한하다. 지속가능한 미래를 구현하고 싶다면 바다를 다시 보아야 한다. 해양력이란 바다를 활용하고 관리할 수 있는 총체적인 역량을 의미한다. 총체적인 역량인만큼 해양력을 구축하는 요소는 여럿이다. 그중의 으뜸이 바다에 대한 인식의 전환이다. 삼면이 바다로 둘러싸여 있는 것이 바다가 우리를 가두는 것이 아니라, 삼면의 바다를 통해 세계와 연결되고 바다를 통해 무한한 길이 열려 있다고 생각하는 것이다. 인식의 전환이 해양력을 위한 토대다. 바다에 대한 시각을 바꿔야 한다. 대전환이 필요하다.

바다를 관리하고 활용할 수 있는 능력으로서의 해양력은 민과 군의 양축으로 구축된다. 군의 해양능력과 민간의 해양능력의 결합으로 구성된다. 지난 해양의 시대에서 등장했던 용어를 차용하면 함대와 상선으로 축약된다. 다시 말해 해양력이란 바다의 안전을 보장하는 해군과 해운, 조선, 수산, 물류 등을 포함하는 민간의 경제 산업 활동을 포함하는 포괄적인 개념이다.[29] 한국은 지정학적 여건과 국가경제의 해양의존도를 고려해 보면 해양국가로의 정체성을 지니고 있음에도 불구하고, 해양안보의 중요성에 대한 인식이 많이 부족한 상황이다. 북한 위협에 고착된 육상안보의 편향된 안보 개념으로 인해 해양안보의 중요성과 해양안보의 역량 강화 필요성에 대한 인식이 미흡하다.[30]

바다에는 막대한 자원이 담겨 있다. 그러나 사람들은 바다에 무엇이 있는지도 잘 모른다. 미개척이라고 하지만 얼마만큼이나 개척되어 있는지도 모른다. 그냥 바다를 1%밖에 개발 안 된 신대륙이라고만 한다. 얼마나 모르면 이렇게 표현할까 싶다. 바다가 지닌 잠재력을 정확하게 숙지해야 한다. 사고를 제약했던 습속을 버려야 한다. 한번 크게 꿈꿔 볼 기회가 왔다. 빌 게이츠가 은퇴하며 남긴 "변화를 놓치는 것이 가장 위험하다"는 말은 오늘날 우리의 해양력 분야에도 해당된다. 해양의 중요성이 점점 중요해지는 시대의 요청에 응답하여 적극 주도해 나가야 한다.

역사적으로 바다를 잘 활용한 국가가 강한 국가이었음은 더 말할 필요가 없다. 앞으로도 그럴 것이다. 역사적으로 시대를 선도했던 국가들은 모두 바다를 나아가야 하는 곳으로 인식했다. 확장의 바다의 길을 택하느냐 방어의 바다의 길을 택하느냐에 따라 국가의 운명이 달라졌다 하여도 과언이 아니다. 지금도 크게 다르지 않아 보인다.

우리는 지금 확장의 바다를 향한 열린 개항이 필요하다. 지금부터의 개항이 진짜 개항이다. 과거의 개항이 수세적이고 피동적이며 소극적인 개항이었다면 지금부터의 개항은 능동적이고 확장적이며 주도적인 개항이어야 한다. 새로운 개항이라 부르는 까닭이다.

21세기 대한민국을 향한
새로운 패러다임

해양 전략의 대전환 시점이다

돌이켜 보면 제2차 세계대전 이후 세계는 이전 시대와는 다른 평화와 번영의 시간을 누렸다. 그 유례를 찾아보기 어려운 평화와 번영의 시간을 향유하였다. 미국의 역할이 절대적이었다. 냉전의 국제체제는 해상교통로의 안전을 마치 하나의 국제공공재처럼 미국으로부터 제공받는 구조였다.

미국은 2차 세계대전 이후 냉전의 질서 속에서 소비에트를 막기 위해 무언가를 해야 했고 소비에트 영역들과 맞서는 나라들을 위한 글로벌 무역 네트워크를 구축하였다. 미국은 전 세계의 먼 바다에 해군을 주둔시켜 국제 안보와 통상에서의 정찰대 역할을 해 왔다. 미국은 열려 있는 바다를 가로질러 작전을 펼 수 있는 전 세계에서 극히 몇 안 되는 대양해군Blue Water Navy을 수행할 수 있는 국가다. 사실 대양해군의 용어는 이런 시대를 배경으로 미 해군의 관점에서 만들어진 용어다.

어느 나라 선박이든 공해를 항해할 수 있다는 항행의 자유 freedom of navigation가 보장되었다. 사실 항행의 자유는 1878년 국제법상 '공해 자유의 원칙'으로 확립되었지만 실제로 자리를 잡은 것은 제2차 세계대전 이후 미국이 세계 각처의 교역에 필요한 안보 문제를 해결하기 위해 바다 정찰대 역할을 담당하면서부터다. 미국의 대양해군 전력이 압도적이라는 사실은 공공연히 드러나 있었고, 그런 미국이 안보를 담당하면서 자유가 보장된 것이다.

피터 자이한이 언급하듯이 미국은 제2차 세계대전을 치르면서 거의 유일하게 동시에 상당한 규모를 갖춘 해군으로 세계 바다를 순찰하고 모든 상선을 보호해 주었다. 아울러 미국은 제2차 세계대전을 치르면서 거의 유일하게 유의미한 규모를 갖춘 시장을 연합국에 개방하고 이들에게 수출로 경제를 재건하도록 길을 열어 주었다.[31]

미국 해군이 제공하는 해상교통로의 안전 확보에 힘입어 미국 시장을 향한 수출로 경제 기적을 이룬 대표적인 국가가 한국과 일본이다. 어떤 의미에서 미국 주도의 해상교통로에 무임승차한 셈이다. 물론 모든 것에는 현실주의에 근거한 미국의 국제정치적 이해관계와 경제적 이익이 철저하게 동반되었다.

미국이 정찰대 역할을 하며 구축된 해상교통로 체제가 80년 간 유지되며 무역 규모는 급성장하였다. 이로 인해 전 세계는 하나의 공급망으로 연결될 수 있었다. 그런데 해상 국제 무역이 근 80년 만에 위기를 맞고 있다. 예멘의 친이란 후티 반군은 2023년 11월부터 이스라엘의 하마스 공격을 규탄한다며 홍해를 지나는 선박에 무차별 공격을 가하고 있다. 세계 주요 해운사들은 수에즈 운하, 홍해 대신 아프리카 희망봉으로 우회하기 시작했다. 급기야 미국은 다국적 해군을 구성하여 후티 반군에 대항하는 상황이다. 역내 긴장이 고조되면서 원유, 식량 등 세계 공급망에 차질을 빚을 수 있다는 우려가 현실로 나타나며, 글로벌 해상 공급망에 비상이 걸린 것이다. 해상교통로 봉쇄 위협이 현실화되고 있다.

미국이 담당한 세계 질서의 정찰대 역할은 앞으로 축소할 것이라는 전망이 우세하다. 냉전체제의 붕괴, 이라크, 아프가니스탄을 위시한 해외 전쟁에 지친 미국 국내여론정치의 득세, 그리고 코로나 사태 이후 해외 부품에 의존도를 줄이겠다는 탈세계화deglobalization 현상이 강하게 제기되면서 과거와 같은 대양해군을 유지하는 명분이 점점 좁아지고 있다.[32] 탈세계화를 추동하는 힘은 세계 해양에서 미국 해군의 정찰대 역할을 일정 부분 축소하도록 요구한다.

해상교통로 위협은 미국의 국제 지정학적 역학, 국내 정치적 여론 지형과 맞물려 일회성의 문제로 끝나지 않고 향후 예단하기 어려울 정도로 복잡하게 전개될 양상이다. 미국은 전 세계의 먼바다에 해군을 주둔시켜 국제통상에서의 정찰대와 같은 초대형 대양해군의 임무를 수행했지만, 이제는 이러한 임무 수행을 주저하며 최근 20년간 해군력을 거두어들이고 있는 상황이다.

미국의 여러 언론이 보도하듯이 미 해군 전력도 기대에 못 미치는 모습이다. 인력 부족을 비롯한 여러 요인으로 미국 함정 건조가 어려움을 겪고 있으며, 함정 건조 비용도 비싸고 건조 시간도 오래 걸린다. 미 해군이 원하는 핵심 전력을 채울 수 없는 상황에 직면하고 있다는 지적이다.

그동안 당연하게 여겼던 해상교통로가 더는 당연한 것이 아닌 상황으로 전개되고 있다. 미국이 해군력을 줄일 경우 국제통상에 크게 의존하며 먼 곳에서 에너지를 수입하는 우리나라의 입지는 어렵게 되기 마련이다. 위협의 존재는 적대국이나 해적도 있지만, 운송로의 요충지에 있는 국가들의 요구나 텃새도 상존한다. 군함이 상선이고 상선이 군함이었던 19세기의 국제정세를 되돌아보게 하는 지점이다. 역사란 똑같이 반복되지는 않지만 비슷하게 흘러간다. 역사가 주는 교훈이다. 잠재적 해상 전쟁에 대비하는 시대로 진입하는 것은 아닌지 우려가 커지고 있다.

해상교통로란 전·평시국가의 생존과 전쟁 수행상 필히 확보해야 할 해상보급로를 의미하는 것으로서 국익과 번영의 생명선인 셈이다. 한국은행이 발표한 2018년 산업연관표 통계자료에 따르면 해상교통로 차단 시 우리 경제에 미치는 영향을 하루 6,520억 원으로 추산하였다. 중동·아프리카 노선의 비중이 가장 크다. 이번 후티 사건은 2022년 기준 국내총생산의 84%를 무역에 의존하고 무역량의 99.7%를 해상교통로를 통해 거래하는 우리에게 적지 않은 과제와 시사점을 던져놓고 있다.

우리나라의 해상교통로는 길고 험하다. 이를테면 우리나라 원유 수입의 80%를 담당하는 해상교통로는 세계에서 가장 위험한 것으로 여겨진다. 길목마다 위험이 도사리고 있다. 홍해 남쪽 관문인 바브엘만데브 해협, 아덴만, 페르시아만의 호르무즈 해협, 인도양, 믈라카 해협, 남중국해, 바시 해협으로 이어지는 해상교통로는 세계적인 우범지역으로 악명이 높거나 분쟁의 가능성을 크게 안고 있는 지역이다. 최근 가장 위험한 바다는 홍해이지만 국제 정세의 대형판을 장악하는 하나의 축인 중국 인근 해역도 갈등의 개연성이 높다. 믈라카 해협과 싱가포르 해협 일대의 해적 준동도 해상교통로의 위협으로 잔존한다.

경제안보가 일상화되면서 해양의 중요성이 날로 중요해지고 있다. 차제에 해양전략의 새로운 판을 통합적으로 모색해야 한다. 무엇보다 한반도만이 대한민국의 영토가 아니라는 인식을 분명히 가져야 한다. 북한 억제에 초점이 맞춰진 방어 전략을 넘어 광대한 바다에서의 역할을 키우는 해양강국으로서의 길을 찾아 나서야 한다.

방어의 바다에서 확장의 바다로 나가는 능동적이며 적극적인 해양 안보를 주도적으로 구축해야 한다. 이것이 곧 국가 경제이고, 그 든든한 버팀목이 해양력이다. 대한민국 해양 전략의 획기적인 대전환이 필요한 시점이다.[33]

한반도에 갇혀 있지 마라

전환은 공간과 시간에 대한 새로운 접근을 요청한다. 해양 전략의 전환 역시 예외가 아니다. 전환은 닫힘의 사고에서 열림의 사고로의 이동이어야 한다. 공간적으로는 '한반도'와 시간적으로는 '지금'에 갇혀 있어서는 안 된다. 확장의 바다는 한반도만이 대한민국의 영토가 아니라는 인식에서 출발해야 한다. 한반도의 닫힌 사고에서 열림의 사고로 전환해야 한다는 것이다.

한국의 영토가 과연 한반도에만 국한될지를 생각해 보아야 한다. 통상과 무역으로 번성한 나라이기에 멀리 있는 바다도 한반도처럼 우리의 영향권에 있어야 한다. 한국의 주요 안보 관심사가 북한인 것은 분명한 사실이지만 여기에 갇혀 있어서는 안 된다. 한국 정치는 냉정하게 평가하면 한반도 문제만 들먹이며 우물 안 개구리 형국에서 크게 벗어나지 못하고 있다. 한반도에 얽매인 국내 정치의 틀에 갇혀 있다 보니 국제정치 무대에서 한국이 가지고 있는 위상이나 역할에 비해 낮은 체급으로 활동한다. 국제관계에서 한국 스스로가 체급을 낮춘다는 비판이 나오고 있다.

한반도에 갇혀 있다 보니 해군은 연안에 묶여 있다. 바닷길을 지킨다는 개념이고 국토방위의 일원으로 묶여 있다. 한국이 그러한 태도를 고수하는 사이 21세기 태평양의 새로운 질서가 만들어지고 있다. 감사하게도 한국이 모든 국가로부터 초대를 받고 있다. 강대국들은 본능적으로 알고 있다. 한국이 태평양을 보아야 한다는 것을 말이다. 북한 억제에 초점이 맞춰진 연안해군 Green Water Navy을 넘어서야 한다. 한국이 직면하고 있는 안보환경과 현실적 국력과 잠재적인 해양력을 정확하게 반영한 대양해군Blue Water Navy의 길을 만들어야 한다.

동시에 지금이라는 틀에 갇혀 있어서도 안 된다. 모든 전략은 도래할 미래에 초점이 맞춰져야 한다. 적어도 향후 10년을 내다보는 미래에 초점이 맞춰져야 한다. 시간이 흐른다고 미래가 되는 것은 결코 아니다. 미래에는 두 종류가 있다. 단순 미래와 의지 미래가 그것이다. 단순 미래란 시간이 지나면 그냥 나타나는 현상이고, 의지 미래는 시간이 지나는 과정에서 의지와 노력이 만들어내는 것이다 이를테면 젊은이, 청년, 노인은 단순 미래의 표현이다. 그러나 활기찬 젊은이, 성숙한 청년, 세련된 노인은 의지 미래의 표현이다. 성숙, 활기, 세련은 그냥 시간이 지나면 나타나는 것이 아니기 때문이다. 미래란 이런 거다. 흔히들 미래는 어떻게 대하느냐에 달려 있다고 한다. 국가, 조직은 물론이고 개인도 마찬가지다. 지금에 국한된 주어진 의제만을 쫓아가지만 말고 지금을 넘어서는 새로운 의제를 제시하는 것이 의지 미래의 핵심이다.

의지 미래를 만들기 위해 가장 중요한 것은 변화를 놓치는 것이 가장 위험하다는 생각을 강박관념처럼 가지고 있어야 한다. 달리 표현하면 지금이라는 틀에서 벗어나야 한다. 의지 미래의 기본 전제는 지금의 틀에 갇히지 않는 것이다.

공간과 시간의 프레임을 새로이 만드는 것 같은 큰 흐름을 만드는 일에는 새삼 강조할 필요 없이 지도자의 열정과 노력이 필수적이다. 해양력과 관련하여 미국의 예를 하나 들어 본다. 미국이 대양해군으로 우뚝 선 것은 미국 38대 대통령인 프랭클린 루스벨트가 있었기 때문에 가능했다 하여도 과언이 아니다. 그는 "My Navy, My Fleet", 즉 "나의 해군, 나의 함대"를 입에 달고 살았다고 한다. 그에게는 미국이 세계 최고의 함대를 구축해야 한다는 확고한 비전이 있었다. 물론 그가 해군 출신이고 해군성 차관을 지낸 경험이 크게 작용했을 것이다. 무엇보다 중요한 것은 루스벨트 대통령은 국가의 미래를 읽어내는 혜안이 있었다. 이런 혜안이 제2차 세계대전 이후 이전 시대와는 다른 평화와 번영의 시간을 만들어냈다.

해군력을 통한 세계국가로의 노정에 별반 관심이 없었던 이전 대통령과는 달리 루스벨트 대통령은 해군력을 강화하였고 이후 일련의 해군 강화 법안을 통과시켰다. 해군력이야말로 국가 안보의 최전선이라는 생각을 실천한 대통령이다. 미국의 대양 해군은 이때 초석이 만들어졌고 완성되었다고 해도 틀린 말이 아니다. 앞서 설명한 제2차 세계대전 이후 세계가 누렸던 평화와 번영의 절대적인 영향력을 발휘한 해상교통로를 만든 장본인이 바로 프랭클린 루스벨트다.

미국 해군의 포괄적인 영향력이 과거와는 많이 달라졌지만 여전히 강력한 글로벌 존재라는 데는 의심의 여지가 없다. 행정부는 물론이고 특히 미국 의회가 가지고 있는 해양안보에 대한 인식은 여전히 강건하다. 최근 미국 의회가 초당적으로 백악관에 해양안보정책을 총괄하는 보좌관을 두라는 서신을 보냈다는 사실은 매우 고무적이다. 이것은 보좌관 한 자리를 만드는 자리 배치의 의미를 넘어 미국이 그동안 수행한 역사의 경로의존성을 견지하려는 상징성이 있는 움직임이기 때문이다.

　항공모함(항모)의 추진도 한반도와 지금에 갇혀 있지 말라는 언명에서 조망하면 답은 금방 나온다. 논란이 많은 항모 반대론의 논지를 요약하면 한반도는 좁기 때문에 항모가 없어도 된다는 것이다. 한반도에 갇혀 있는 사고와 지금의 시선에서 보면 그럴지도 모른다. 그러나 멀고 험한 해상교통로의 문제나 함대의 체급이 가장 높은 전술을 요구하는 주변 상황에 비추어 볼 때 항모 추진을 적극적으로 검토해야 한다. 10년 후, 15년 후의 한반도를 그려보면 말이다. 북한과의 관계 역시 다른 체급으로 접근해야 한다. 항모가 그 답의 하나다.

지정학적 사고를 전환하라

한반도에 갇혀 있지 않으려면 지정학적 사고의 전환이 절대적으로 필요하다. 한국에서 지정학 하면 수세적이고 방어적이며 소극적인 개념이다. 적극적인 개념이 결코 아니다. 열강에 둘러싸여 있는 한반도의 지정학은 일종의 숙명으로 여겨진다. 늘 4대 열강에 둘러싸여 있는 지형이 상수로 고착되고 고정된 형국이다. 이런 이유로 한반도란 지역은 지정학적으로 숙명적인 위험성을 안고 있다는 평가가 나온다. 대한민국은 지정학적 구조, 지정학적 위기를 입에 달고 등에 업고 살아왔다고 하여도 크게 틀린 평가가 아니다.

큰 자연재해가 없는 한반도는 지질학적으론 천국, 지정학적으론 지옥이라면, 일본은 그 반대로 지정학적으론 천국, 지질학적으론 지옥이다.[34] 한국이 지정학적 지옥임을 보여주는 가장 극명한 예가 분단국의 모습이다. 형식 논리로 보면 패전국인 일본이 분단국이었어야 한다. 전쟁의 패전국이 아닌 한반도가 남북 분단국가로 나뉜 것은 어떤 의미에서 역사의 아이러니다. 독일은 패전국으로 동·서독으로 나뉘었고 베를린은 동베를린, 서베를린으로 나뉘었다. 지정학적 지옥이란 패전국이 아님에도 분단국의 운명에 처한 상황을 두고 하는 이야기인지도 모른다.

확장의 바다를 향한 열림은 지정학적 지형에 대한 획기적인 전환을 요청한다. 다시 말해 구조적으로 고착된 지정학적 사고의 전환이 필요하다. 오랜 시간에 걸쳐 구조화된 지정학적 지형을 바꾸는 일은 결코 쉽지도 간단치도 않다. 어려운 까닭은 역사에 대한 인식을 바꾸기가 그리 쉽지도 간단치도 않기 때문이다.

지정학적 전환은 내적으로는 반역사주의 탈피와 외적으로는 주변 4강의 포섭을 요청한다. 숙명의 지정학은 반反역사주의로 흘러가기 쉽다. 실제로 역사에 대한 약소국의 반응은 단출하다. 약소국의 역사학은 기본적으로 반反역사학이다. 반제국주의, 반봉건주의, 반일, 반미, 반중화주의, 반유럽중심주의 등. 식민지 경험과 서구 중심의 유럽중심주의의 세례를 받은 대한민국으로서는 일단 허약해진 정체성을 지키며 생존을 도모해야 했다.[35] 우리를 위협했던 모든 사조를 반대하면서 논리를 세웠다. 반대하면 책임은 면제되고 정당성은 일정 부분 확보되기 때문이다.

반反의 역사는 어떤 의미에서 쉬운 선택, 무책임한 정치의 다른 이름인지도 모른다. 정파 이익을 국가 이익보다 우선하고 보편 국민보다 자기 지지층을 앞세우는 논리가 강하다. 반역사주의는 포퓰리즘으로 전락하기에 십상이다. 미국이 마음에 안 들면 반미, 일본이 마음에 안 들면 반일, 중국이 마음에 안 들면 반중 등으로 경도하고 있다. 이런 반응은 지금의 대한민국 체급에 적합하지 않은 논법이다.

이제는 반역사주의에서 탈피해야 한다. 반에 매몰되어서는 안 된다. 반의 역사에 경도되어서는 안 된다. 한국은 결코 작은 나라가 아니다. 과대평가할 필요도 없지만 과소평가할 필요는 더더욱 없다. 그동안 우리는 지정학의 틀에 갇혀 스스로 과소평가하곤 했다. 우리만 모르는 대한민국, 작은 나라가 결코 아니다.

절대 작지 않은 국가 모습은 여러 대목에서 확인 가능하다. 인구 5천만 명 규모로 전자, 반도체, IT, 자동차, 조선, 건설, 기계, 철강, 석유화학과 같은 이른바 중후장대한 산업을 동시에 수행하는 국가는 한국밖에 없다. 기 소르망이 언급하였듯이 제조상

품과 문화를 동시에 수출해 본 나라는 세계에서 몇 안 된다. 미국, 프랑스, 독일, 일본과 한국뿐이다. 최근에는 한류로 통칭되는 매력 국가이며, 세계의 트렌드를 집중적으로 분석하기로 유명한 〈모노클Monocle〉 잡지는 한국을 세계 최고 수준의 소프트 파워 국가군으로 언급하고 있다. 한국은 2021년 유엔무역개발협회UNCTAD에서 개발도상국 그룹에서 선진국 그룹으로 진입한다. 1964년 UNCTAD 설립 이후 한국이 처음이다. 선진국 그룹으로의 지위 변화는 여러 중요한 의미를 지닌다. 세계 속에 한국이 어떤 위치인지를 정확히 보여주는 대목이다.

지정학적 전환이 내적으로는 반역사주의의 탈피를 요청하는 것이라면, 외적으로는 주변 4강의 포섭을 요청한다. 우리는 늘 열강 사이에 둘러싸여 있으며 끼어 있다고 생각한다. 우리가 열강을 거느리고 있다고 생각할 수는 없는가. 만약 그렇다면 구도는 많이 달라진다. 이른바 열강의 시각에서 한국을 생각해 보아야 한다. 그들의 관점에서 한국을 보면, 달리 표현하여 주변 4강이 서로 우리의 손을 잡으려고 하는 형국이다. 매번 우리는 미국에 중국에 일본에 러시아에 어떻게 대응할 것인가의 질문에 전전긍긍하였다.

이러한 질문에서 벗어나 그들의 시선이 되어 우리를 바라보는 방식과 내용을 파악해야 한다. 이제 한국은 주변 4강의 거대전략grand strategy를 생각해 보아야 한다. 미국처럼, 일본처럼, 중국처럼, 러시아처럼 사고해 보아야 한다. 주변 4강에 둘러싸여 있다는 생각에서 주변 4강을 거느리고 있다는 시각으로 전환해야 한다. 거느리겠다는 마인드 셋을 가져야 한다. 우리가 패전국이 아니었음에도 분단국가가 된 것은 지정학 때문이었다. 이제는 지정학 때문에 역사의 질곡을 넘어설 수 있다.

열강에 둘러싸여 있는 상황을 실리적 관점으로 바라보면 세계 경제 2위 3위를 양옆에 둔 운 좋은 국가다. 우리만 4강의 눈치를 보는 것이 아니다. 4강도 우리의 눈치를 본다. 한국을 자기 편으로 끌어들이려고 한다. 주변 강대국은 모두 한국을 초대하려 한다. 지정학적 시각에 패러다임 수준의 변화가 있어야 한다. 질곡의 지정학에서 환희의 지정학으로, 불균형의 지정학에서 균형의 지정학으로, 침략의 지정학에서 공존의 지정학으로 전환하는 것이 시대적 과제다.

순항훈련에 편승하여 한산도함을 타고 태평양을 건너며 해양력의 대전환 가능성을 보았다. 그 든든한 버팀목이 군함이다. 어제의 군함은 침략 국가의 상징이었지만, 오늘의 군함은 경쟁 국가의 상징이다. 그리고 내일의 군함은 공존의 상징이어야 한다.

내일의 공존을 위해 대한민국이 지렛대의 역할을 해야 한다. 까닭은 명백하고 간단하다. 역사적으로 단 한 번도 다른 나라를 침략한 적이 없는 평화 국가이기 때문이다. 동시에 오늘의 시점에서 평화와 공존을 가장 절실하게 풀어내야 할 분단국가이기 때문이다. 이보다 더 정당성을 가진 나라는 없을 것이다. 대한민국의 미래는 광활한 바다로 나아가느냐, 어떻게 나아가느냐에 달려 있다. 해양국가로의 돛을 크게 힘차게 올릴 때다.

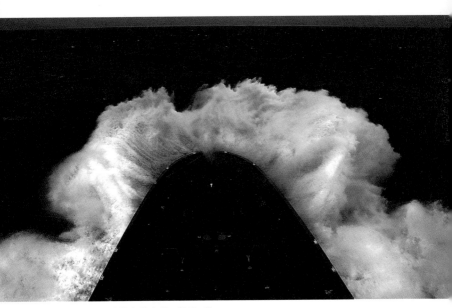

한밤에 파도를 헤치며 항진하는 한산도함

화양연화, 감사 그리고 Bravo Zulu

화양연화花樣年華, 꽃 같던 시절을 뜻한다. 가장 아름답고 행복한 순간을 떠올린다. 돌이켜보니 한 달 동안의 태평양 항해는 나에게 가장 멋진 순간, 화양연화다. 순항훈련에 편승하여 바다의 용사들과 태평양을 항해하며 사랑에 푹 빠졌다. 승선할 때의 설렘보다 몇 갑절 더 풍성한 또 다른 설렘을 가지고 하선했다.

화양연화의 의미가 우리에게 널리 알려진 것은 영화 한 편에서 비롯한다. 그것은 지금까지도 숨 막히도록 아름다운 영화라는 평을 달고 다니는 왕가위 감독, 양조위, 장만옥 주연의 〈화양연화〉이다. 화영연화가 나의 태평양 항해를 불러낸다. 아름답고 행복한 시간이었음을 말이다. 그리고 해군, 함정, 항해를 향한 나의 마음이 영화 주제곡 하나인 〈키사스, 키사스, 키사스Quizas Quizas Quizas〉와 겹친다. 재즈 보컬리스트 냇 킹 콜이 스페인어로

부른 노래의 가사는 이렇다. "당신은 나의 마음을 빼앗아 갔는데 '당신은 날 좋아합니까'라고 물어 보면 그냥 '아마도 아마도 아마도'라고 대답하죠." 멋지고 아름답고 행복했던 항해를 되돌려 보며, 나의 마음을 빼앗아 간 것들을 그려본다.

함정은 태평양의 거친 파도와 물결을 헤치며 빠른 속도로 질주하였지만, 나의 시간 여정은 느릿하고 천천히, 그야말로 안단테, 안단테, 안단테였다. 별 가장 가까운 곳에서 남태평양의 별 헤는 밤을 헤아렸다. 어떤 때는 집밥처럼, 어떤 때는 마음껏 멋을 낸 특급 요리처럼 즐겼던 하루 4번의 식사를 빼놓을 수 없다. 땅멀미를 경험하며 익숙함의 준거를 어디에 두느냐에 따라 정상과 비정상의 차이가 무엇인지의 의문도 가져 보았다. 흔들리는 함정에서의 탁구 시합은 중력과 무중력의 절묘한 조화를 체험케 하였다. 한국과 우루과이의 월드컵 축구 경기를 함정 격납고에서 함께 보며 모두 하나 되던 광경도 결코 잊을 수 없다. 생도들을 위한 두 번의 선상 강연을 진행하던 때에는 출렁이는 바다만큼이나 흥분을 감추기 어려웠다. 눈빛 또렷한 생도들과 나눈 대화는 바다의 미래가 조만간 나의 품에 들어올 것 같은 좋은 예감을 갖게 하였다. 낭만이라 이름 붙일 수 있는 것이 어디 이것뿐이겠는가. 독특하고 특별한 여정이었던 만큼 모든 것이 낭만이었다. 안단테의 시간 미학이 만들어내는 낭만이다.

이들은 싸우면 반드시 이기는 바다의 용사인 동시에 넓고 깊이 있는 사고를 하는 지식분자이다. 이들과 나눈 고담준론은 나의 기대를 늘 훨씬 넘어섰다. 이들은 리더십과 팔로워십의 규범과 행동을 숙지한 자들이다. 깊이를 아는 사람들이다. 속정 깊은 그리운 사람들이다.

해군에 오래 근무한 사람 중엔 나쁜 사람이 없다는 어느 인터뷰를 생각한다. 그렇다. 이들은 자연에서 흘러나오는 인문적 질서가 몸에 배어 있는 휴머니스트이며, 전체를 조망하는 협업의 달인들이다. 바다와 함정에 관해 하나도 모르는 사람에게 넘치는 배려를 해 주었다. 어찌 사랑에 빠지지 않을 수 있겠는가. 이들과 한 달을 함께 지냈으니 이건 분명 내가 누린 최고의 사치다. 사치의 최고 극치는 사람 사치다. 이번 항해에서 터득한 경험의 진실성이다.

이 책에 담겨 있는 이야기는 전체 항해의 극히 일부에 불과하지만, 함께한 기록이자 우리를 하나로 묶어 준 것들에 바치는 찬사다. 그리고 방어의 바다에서 확장의 바다를 향한 열망이자 한반도에 갇혀 있으면 안 되는 새로운 열림을 펼쳐내는 탐사이다.

함께 항해한 승조원들이 정성스럽게 만들어 선물로 준 '한 사회학자의 첫 순항훈련'으로 이름 붙여진 영상을 가끔 본다. 나의 항해 여정이다. 고마운 마음 가득하다. 순항훈련에 편승하여

브라보 줄루 깃발

태평양 항해라는 독특하고 특별한 경험을 하는 데는 많은 사람의 도움이 없이는 불가능하다. 강동구 순항훈련 단장, 박진성 한산 도함 함장을 비롯한 한산도함, 대청함 승조원 모두에게 일일이 깊이 감사한다. 이방인을 기꺼이 동료로 받아 주고 배려한 마음 에 무엇으로 되돌려 주어야 할지 고민이 깊다. 행복한 고민이다.

항해는 바다에서만 진행되는 일이 아니다. 육지에서의 한마 음 같은 지원 없이는 어렵다. 순항훈련에 참여하는 귀중한 기회 를 만들어 주고 이후에도 계속 관심을 가져주는 이종호 해군참 모총장, 양용모 해군참모총장, 곽광섭 제독, 박순식 제독을 비롯 한 해군 본부 관계자들에게 이 자리를 빌려 심심한 감사의 말씀 을 올린다. 글로벌 해양의 꿈을 함께 만들어가는 최창용 교수, 유지훈 박사에게 고마운 마음을 전한다.

브라보 줄루Bravo Zulu를 생각한다. 함정 간에는 함정 중간에 위치한 기둥(마스트)에 고유의 의미를 지니고 있는 깃발을 올려 다양한 의사를 전달한다. 해상 신호 깃발이다. 모두가 로망으로 여기는 깃발 신호가 있다. 브라보 줄루 깃발이다. '주어진 임무를 잘 완수했다Well Done'는 뜻이다. 대한민국의 해군 함정이 바다에서 임무를 수행할 때나 임무를 마치고 항구로 귀항할 때 브라보 줄루의 깃발이 늘 힘차게 펄럭이도록 축원한다.

미주

1   서민아. "'진주 목걸이 소녀' 속 파란색은 왜 특별해 보일까". 〈조선일보〉 (2023.7.8.).

2   미셸 파스투로. 《파랑의 역사》. 고봉만·김연실 옮김. 민음사, 2000.

3   로랑스 드빌레르. *Petite Philosophie de La Mer*. 《모든 삶은 흐른다》. 이주영 옮김. 피카, 2023.

4   박길성. "적도를 건너는 5가지 방법". 〈국민일보〉(2022.12.22.).

5   김훈. 《칼의 노래》. 문학동네, 2014, pp.358~359.

6   위의 책, 화보 중 '이순신의 필적'에 대한 설명.

7   대한민국해군. 《간단하고 간편하게 읽을 수 있는 해군 가이드북》. 2016, pp.14~15.

8   위의 책, p.29.

9   위의 책, p.46.

10   위의 책, p.140.

11   해군사관학교의 교훈은 세 가지이다. 희생하자. 허위를 버리자. 진리를 추구하자.

12   이국종. "메스 아닌 해머로 갑판서 '깡깡이' … 해군, 날 바꿨다". 〈중앙일보〉 (2024.3.8.).

13   장학근, 방수일. 《해양개척의 선구자 박옥규》. 2017, pp.209~213. www.navy. mil.kr.

14   위의 책, p.148.

15   박길성. "사관생도 한 명 한 명이 모두 외교관이다". 〈국민일보〉(2022.11.24.)

16   김탁환. 《뒤적뒤적 끼적끼적》. 민음사, 2014, p.95.

17   티나 실리그. 《스무 살에 알았더라면 좋았을 것들》. 이수경 옮김. 웅진지식하우스, 2020.

18   김연수. 《지지 않는다는 말》. 마음의 숲, 2012.

19   TV조선. 앵커의시선(2022.12.30.).

20   Robert Bellah, Richard Madsen. et al. *Habits of Heart: Individualism and Commitment in American Life*. Univ of California Press, 2007.

21   United Nations Conference on Sustainable Development (UNCSD). *Current ideas on sustainable development goals and indicators*. Rio 2012 Issues Brief no. 6., 2012.

22 World Bank. "The potential of the Blue Economy: Increasing long-term benefits of the sustainable use of marine resources for small island developing states and coastal least developed countries", 2017.

23 김민정. "기후변화 대응책 '블루 이코노미', 지구 경제 변화시킨다". 〈ESG경제〉(2022.7.20.).

24 박길성. "개회사". 제1회 지속가능 미래를 위한 사회협력 네트워크 포럼. 2022.

25 United Nations. "Blue economy concept paper". 2014. Available at https://sustainabledevelopment.un.org/concent/documents/2978BEconcept.pdf

26 Lee, K.-H., Noh, J., Khim, J.S., "The Blue Economy and the United Nations' Sustainable Development Goals: Challenges and Opportunities", *Environ. Int.*, 2020.

27 김종덕. "우리는 왜, 어떻게 신해양강국으로 가야하는가". 〈한국일보〉(2023.2.1.).

28 이어령. "우리는 왜 해양으로 나가야 하나?". 유홍주. "해양레저문화 기반 마리나산업 발전방안". 〈현대해양〉(2021.2.8.)에서 재인용.

29 해양경찰청, 해군, 해병대. 〈해양력에 기반한 번영과 평화를 위한 구상〉. 2021, p.16.

30 유지훈. "한국과 유럽 간 인도-태평양 해양 안보 협력 강화". 〈시사미래신문〉(2023.7.11.).

31 피터 자이한. 《붕괴하는 세계와 인구학》. 홍지수 옮김. 김앤김북스, 2023, p.20.

32 Peter Zeihan. "Deglobalization: The US Navy's withdrawal as Global Protector". 2023. http://zeihan.com/deglobalization-the-us-navy-withdrawal-as-global-protector

33 박길성. "해상교통로 봉쇄 위협 현실화 … 해양전략 대전환 시급하다". 〈한국경제〉(2024.2.15.).

34 박훈. 《위험한 일본책》. 어크로스, 2023. pp.50~51.

35 조영헌. "약소국의 역사학에서 강소국의 역사학으로". 〈고대신문〉(2023.10.9.).

사진 출처   2022 대한민국 해군 순항훈련전단 제공

허송세월

김훈 산문

'생활의 정서'를 파고드는
김훈의 산문 미학

생사의 경계를 헤매고 돌아온 경험담, 전쟁의 야만성을 생활 속의 유머로 승화해 낸 도구에 얽힌 기억, 난세에서도 찬란했던 역사의 청춘들, 인간 정서의 밑바닥에 고인 온갖 냄새에 이르기까지, 늘 치열하고 치밀했던 작가 김훈의 '허송세월'을 담은 45편의 글이 실렸다.

신국판 변형 | 336쪽 | 18,000원

오늘, 아내가 사라졌다

김윤덕 줌마병법

올해 최은희여기자상 수상에
빛나는 '풍자 저널리즘'의 향연

30년 글쟁이로 살아온 김윤덕 기자의 에세이. '입에 단내 나도록' 살아온 필부들의 인생사를 글감으로 삼아, 삶의 쓴맛과 단맛을 활달한 입말로 써 내려 갔다. 무명의 현자들이 풀어 내는 우여곡절로 가득한 이야기는 저마다 세상과의 전투를 통해 깨친 생활의 병법을 전한다.

신국판 변형 | 336쪽 | 18,000원